FACULTÉ DE DROIT DE PARIS

DROIT ROMAIN

ORIGINES

DU

CAUTIONNEMENT JUDICIAIRE A ROME

DROIT FRANÇAIS

DES CLAUSES D'IRRESPONSABILITÉ

DANS LE

CONTRAT DE TRANSPORT PAR TERRE ET PAR MER

THÈSE POUR LE DOCTORAT

PAR

Alexandre VINCENT

AVOCAT

PARIS

LIBRAIRIE NOUVELLE DE DROIT ET DE JURISPRUDENCE

Arthur ROUSSEAU, Éditeur

14, RUE SOUFFLOT ET RUE TOULLIER, 13

1892

THÈSE

POUR LE DOCTORAT

FACULTÉ DE DROIT DE PARIS

DROIT ROMAIN

ORIGINES

DU

CAUTIONNEMENT JUDICIAIRE A ROME

DROIT FRANÇAIS

DES CLAUSES D'IRRESPONSABILITÉ

DANS LE

CONTRAT DE TRANSPORT PAR TERRE ET PAR MER

THÈSE POUR LE DOCTORAT

L'ACTE PUBLIC SUR LES MATIÈRES CI-APRÈS

Sera soutenu le Lundi 19 décembre 1892, à 2 heures 1/2.

PAR

ALEXANDRE VINCENT

AVOCAT

Président : M. LYON-CAEN.

Suffragants :
{ MM. RENAULT, *professeur.*
GIRARD,
SAUZET, } *agrégés.*

PARIS

LIBRAIRIE NOUVELLE DE DROIT ET DE JURISPRUDENCE

ARTHUR ROUSSEAU, ÉDITEUR

14, RUE SOUFFLOT ET RUE TOULLIER, 13

1892

MEIS ET AMICIS

DROIT ROMAIN

ORIGINES

DU

CAUTIONNEMENT JUDICIAIRE A ROME

INTRODUCTION

Dans toute législation en voie de formation, le cautionnement apparaît d'abord comme la première forme de garantie connue. Les sûretés réelles ne naissent que plus tard, quand la propriété et ses mutations successives ont été organisées d'après des règles stables.

C'est ainsi qu'à Rome, les garanties personnelles furent connues avant les garanties réelles : le créancier qui ne se contentait pas de la parole donnée, demanda à son débiteur des cautions, avant de lui demander des gages.

Parmi les hypothèses nombreuses où un cautionnement était ainsi exigé, il en est une très importante, très ancienne, et peu connue dans ses origines : c'est celle du cautionnement judiciaire. — On a beaucoup écrit sur la *cautio judicatum solvi*, qui, au temps de la procédure formulaire, était fournie dans certains cas par le défendeur au demandeur (1). Mais la *cautio judicatum solvi* ne fut que la transformation d'autres sortes de cautionnements judiciaires qui, nés avant elle, continuèrent quelque temps à subsister concurremment avec elle. C'est ainsi que Gaius (2) nous parle de *prædes litis et vindiciarum* et de *cautiones pro præde litis et vindiciarum,* usités dans les jugements *in rem.* Quelles étaient l'origine, la nature, le but de ces cautions ? En quoi différaient-elles de la *cautio judicatum solvi,* qui leur succéda? C'est ce que nous nous proposons d'examiner ici.

Nous étudierons successivement, d'après l'ordre chronologique, les *prædes litis et vindiciarum,* qui étaient fournis par le possesseur au demandeur dans l'*actio per sacramentum in rem*, puis la *cautio pro præde litis et vindiciarum,* usitée dans la *sponsio præjudicialis*. Nous verrons enfin comment à ces cautions, succéda la caution *judicatum solvi.*

(1) Instit. Just. IV, 11.
(2) Gaius, IV, 16, 89, 94.

CHAPITRE PREMIER

DES PRÆDES LITIS ET VINDICIARUM.

Lorsque, sous la procédure des actions de la loi, s'élevait un procès en revendication, l'instance se divisait en deux phases distinctes : l'une, se déroulant devant le magistrat, s'appelait la procédure *in jure* ; l'autre, soumise à un juge ou à un tribunal, s'appelait la procédure *in judicio*.

In jure, les choses se passaient de la façon suivante : Les deux parties se présentaient devant le magistrat (1), et lui soumettaient leur différend, suivant des formes que Gaius (2) nous a conservées. Le magistrat ne se chargeait point de juger lui-même. Chaque partie lui exposait solennellement, mais sommairement, sa prétention. Il écoutait, et, sans régler le fond des choses, il prenait les mesures suivantes : Il donnait à l'un des deux plaideurs la possession intérimaire. Il exigeait qu'en retour, des garanties fussent données à l'adversaire par celui qu'il avait nommé possesseur, pour qu'au cas où le juge statuerait plus tard contre ce dernier, la restitu-

---

(1) Depuis 387, c'était le préteur. Auparavant, ce fut probablement le roi, puis le consul.
(2) Inst. IV, 16.

tion de la chose et des fruits fût assurée au véritable propriétaire.

Postea prætor secundum alterum eorum vindicias dicebat, id est, interim aliquem possessorem constituebat, eumque jubebat prædes adversario dare litis et vindiciarum, id est, rei et fructuum.

Après quoi, le magistrat renvoyait les parties devant un *judex*, et la procédure *in judicio*, seconde phase de l'instance, commençait.

Les choses ainsi disposées, le droit éventuel de chacun ainsi garanti, qui donc réglait le fond des choses ? qui, répondait souverainement aux prétentions des deux parties ? qui, statuait sur la propriété ? Personne, à proprement parler.

C'est, en effet, un des caractères les plus curieux de cette vieille forme de procédure, que, dans le *sacramentum*, la question de propriété n'est pas décidée, ou, du moins, ne l'est qu'implicitement, par contre coup. Devant le magistrat, chaque partie s'est déclarée propriétaire, et a mis un enjeu sur sa prétention : *Quando tu injuria vindicavisti, D æris sacramento te provoco.* C'est sur cet enjeu même que le juge statuera. Il ne dira point : « Aulus Agerius est le propriétaire de la chose en litige », mais : « Aulus Agerius a fait un *sacramentum justum* ». Ainsi, les parties ne sont pas jugées directement sur l'objet même de leur demande. C'est d'une façon médiate, et par raisonnement, que le droit de propriété est réglé. Comme le résultat du procès est lié au résultat du pari, les deux adversaires doivent conclure de l'un à l'autre : Du gain, ou de la perte de leur pari, ils doivent tirer la conséquence qu'ils ont gagné, ou perdu leur procès.

Que se passe-t-il alors ? Comment est sanctionné le droit reconnu ? Gaius le disait sans doute. Mais la perte d'un feuillet de son précieux commentaire interrompt brusquement ses renseignements. Nous sommes réduits aux conjectures.

Avant d'examiner les nombreux systèmes que la critique moderne a successivement proposés pour reconstruire l'exécution des jugements dans la *legis actio per sacramentum*, cherchons du moins, si, chez Gaius lui-même, nous ne trouverons pas un indice qui nous mette sur la trace de la vérité. Or, nous avons déjà cité un texte qui, sans viser l'exécution même, nous indique en passant une garantie d'exécution :

Postea prætor secundum alterum eorum vindicias dicebat, id est interim aliquem possessorem constituebat, eumque jubebat prædes adversario dare litis et vindiciarum, id est, rei et fructuum.

Il est clair que ces *prædes* ont pour but d'assurer au vainqueur la restitution de la chose et des fruits, au jour où la sentence du juge l'aura déclaré véritable propriétaire, en proclamant son *sacramentum, justum*. Mais la restitution de la chose et des fruits, c'est l'exécution de la sentence : donc, les *prædes* garantissent l'exécution.

Établir dans quelle mesure ils la garantissent, ce serait circonscrire d'autant le champ des conjectures sur l'exécution même. Et si par bonheur, au cours de nos recherches, nous pouvions démontrer que les *prædes* seuls garantissent l'exécution, qu'elle ne peut se faire que par eux et sur eux, nous supprimerions, tout entier, le problème.

C'est ce que nous allons essayer de faire.

Et d'abord, il nous faut envisager les *prædes litis et vindiciarum* en eux-mêmes, étudier leur nature et leur but.

Pour y parvenir, nous tâcherons de nous entourer des divers renseignements que les sources nous donnent : sur les *prædes litis et vindiciarum*, ils sont à peu près nuls. Mais les *prædes litis et vindiciarum* n'étaient qu'une application particulière d'une caution assez souvent usitée, les *prædes*, dont plusieurs textes du droit romain, et particulièrement la loi de Malaga, nous ont conservé le souvenir. Nous consacrerons donc une section spéciale à l'étude des *prædes* en général, et nous verrons ensuite en quoi ce travail pourra nous éclairer dans l'étude des *prædes litis et vindiciarum* en particulier.

A. — Des prædes en général.

Les divers renseignements que nous pouvons réunir sur les *prædes*, en général, se trouvent surtout dans les monuments de droit public des derniers siècles de la République, ou des premiers de l'Empire : Loi agraire de

643, table de Malaga (81-84 après J.-C.), loi Puteolana
(an 649), etc... et dans les récits ou les discours des écri-
vains de ce temps : Cicéron, Varron, Festus, etc...

Nous allons donc examiner quels étaient les caractères principaux de la caution des *prædes* au moment où
ces textes divers nous la montrent. Mais nous ne devons
pas perdre de vue le but dans lequel nous faisons cette
étude : Nous voulons tirer de la nature des *prædes* en
général, des renseignements sur les *prædes litis et vindiciarum*. Or, l'usage des *prædes litis et vindiciarum* est
très antérieur au temps où nous placent nos textes,
puisque les *prædes litis et vindiciarum* étaient contempo-
rains de la *legis actio sacramenti*, qui, usitée dès l'origine,
tomba presque complètement en désuétude après la loi
OEbutia, promulguée, suivant une doctrine assez répan-
due, vers la fin du VIe siècle, suivant une autre, plus
récente et plus vraisemblable, entre 605 et 630 (1). Nous
aurons donc à tenir compte, dans l'étude que nous allons
faire, des changements que les progrès de la civilisation
apportent toujours aux institutions juridiques. Pour
calculer la nature et l'importance de ces changements,
nous manquons malheureusement de règles précises.
Tout ce qu'on sait de certain sur ces périodes obscures,
c'est que les mœurs s'adoucissent, et que la sévérité des
lois s'atténue à mesure que l'histoire avance. Cette grande
règle, aidée des quelques remarques particulières que
nous pourrons faire au cours de notre étude, nous gui-

(1) M. Girard, à son cours, année 1889-90.

dera dans la reconstitution des *præ̈des* tels qu'ils étaient au commencement de Rome, après que nous les aurons examinés vers la fin de la République et le début de l'Empire.

§ 1. — *Nature des præ̈des vers la fin de la République et le début de l'empire.*

Nous lisons dans les textes de cette époque :

Varron, de L. L. 6, 74 : *Itaque præs qui, a magistratu interrogatus in publicum ut præs siet, a quo et quam respondet, dicit : Præs.*

Festus, de V. S. v. *Præs* : *Præs est is, qui populo se obligat, interrogatusque a magistratu, si præs sit, respondet ille : Præs.*

Id. eod. loco : Compræ̈des ejusdem rei populo sponsores.

De ces textes, on peut conclure, d'abord, que le *præs* est une caution qui s'engage vis-à-vis du peuple. Les diverses sources juridiques auxquelles nous pouvons puiser viennent confirmer cette assertion en la précisant. Ainsi, dans l'inscription de Malaga, rub. LX (1), des *præ̈des* sont exigés des magistrats chargés de l'administration des deniers publics. — Dans la loi agraire de 643, ligne 47 (2), celui qui achète des terres de l'*ager publicus* doit fournir des *præ̈des*. — Doivent de même fournir des *præ̈des* ceux qui se rendent adjudicataires de

(1) V. M. Girard, *Textes de dr. Romain*, p. 104.
(2) Id., p. 50.

quelque chose appartenant au peuple, du vectigal, par exemple, comme nous l'apprend la loi de Malaga, rub. LXIII (1). Enfin, chaque fois qu'un intérêt public est en cause, qu'il s'agisse de Rome ou d'une autre cité, on peut voir apparaître ce nom de *prædes*.

Comment s'engage le *præs*? Varron et Festus nous l'ont dit : A la question : *An præs es*? il répond : *Præs*. Le *præs* s'engage donc verbalement, comme le *sponsor*. Il est lié par une parole solennelle. Mais remarquons ici la différence de langage entre les deux cautions : Le *sponsor* dit : *Idem spondeo* (2). Par ce simple mot : *Idem*, le *sponsor* délimite son engagement de la façon la plus précise : sa promesse n'est que le reflet de celle du débiteur principal. L'engagement du *præs*, au contraire, n'est pas limité, il dit seulement : *Præs*. Jusqu'où sera-t-il tenu ?

Ainsi, la formule de l'engagement nous amène insensiblement à nous occuper de la nature même de la caution du *præs* : tant il est vrai que la forme et le fond sont toujours intimement liés ! Le *præs*, en effet, était tenu sur tous ses biens : cela résulte clairement des termes mêmes de sa promesse, qui ne limitent en rien les effets de son engagement. Cela résulte aussi de ces mots de la loi agraire de 643 : *manceps, prævides, prædiaque soluti sunto*, qui ne semblent pas permettre qu'une même personne soit à la fois *præs* vis-à-vis de deux personnes dif-

(1) Id., p. 105.
(2) Gaius, III, 116.

férentes. Pourquoi cette défense, sinon parce qu'une seule obligation est susceptible d'aborder tout le patrimoine du *præs* (1)? Le *sponsor*, au contraire, pourra fort bien être une deuxième, une troisième fois *sponsor*, parce qu'on sait d'avance que sa première obligation ne peut absorber qu'une partie distincte et déterminée de son patrimoine (2).

Et quand nous disons que tous les biens du *præs* sont engagés à la dette, il ne faut pas entendre cette formule dans le sens étroit de l'article 2092 du Code civil : La République n'aura pas seulement le droit de se payer, sur les biens du *præs*, jusqu'à concurrence du préjudice que lui aura causé la non-exécution de la promesse garantie ; elle pourra faire mainmise sur tous les biens du *præs*, et les faire siens, ou les vendre à son profit. — Que les *prædes* soient parvenus, avec les progrès du temps, à éviter cette vente en dédommageant la République du préjudice que la non-exécution lui a causé, c'est possible, bien qu'ici aucun texte ne nous donne de renseignements précis. Il n'en est pas moins vrai, qu'en principe la République pouvait appréhender les biens du *præs* et les faire siens, de sa propre autorité, et sans avoir recours à une action en justice. La loi de Malaga le dit expressément, et le contraire serait d'ailleurs inconcevable. Aux premiers temps de Rome, l'État ne pouvait pas

---

(1) V. Zimmermann, *De notione et historia causionis prædibus prædiisque,* note 17.
(2) V. *Huschke, nexum,* p. 51.

agir en justice. L'idée de République apparaissait aux Romains comme incompatible avec toute idée d'intérêt privé ; ce ne fut que vers le IIIe siècle apr. J.-C., lorsque le fisc, trésor des empereurs, se fut peu à peu substitué à l'*ærarium*, qu'on reconnut à l'État la personnalité civile, et qu'on admit qu'il pût être demandeur ou défendeur à un procès (1). Quand on en vint là, les *prædes* disparurent : preuve que le grand intérêt de leur institution était de permettre à la République de les exécuter immédiatement, sans action en justice.

Quand les *prædes* pouvaient-ils ainsi être exécutés ? L'État ne devait-il pas d'abord exécuter le *manceps* ? Sur cette grave question, de nombreux systèmes se sont élevés dans la science moderne : nous allons les examiner rapidement.

Mommsen (2), croit que le débiteur principal, le *manceps*, est tenu d'une seule obligation : fournir des *prædes*. Cela fait, il est quitte. Si donc il n'exécute pas la chose convenue, le créancier n'aura pas d'action contre lui, mais seulement contre ses *prædes*. La conclusion de cette théorie, c'est que les *prædes* seuls sont tenus, et que si le *manceps* exécute, ce ne sera point par crainte des poursuites que pourra exercer contre lui son créancier, mais plutôt par crainte des recours qu'auront contre lui, ses *prædes*.

---

(1) Déjà, sous Nerva, fut institué un préteur chargé de régler les différends entre les particuliers et le fisc. V. Pline, *Panégyr.* c. 36.

(2) Stadtrechte von Salpenza und Malaca, i, d. Verhandlungen d. Kgl. Sächs. Gesellsch d. Wissensch, III, p. 471, n. 41.

Bachofen (1) croit que le débiteur principal est toujours tenu, comme *præs*. Il en conclut que le créancier, en cas de non-exécution, pourra poursuivre à son choix le *manceps*, ou l'un quelconque de ses *prædes*.

Zimmermann (2) partage l'avis de Bachofen.

Jordan (3) reprend et développe l'opinion de Mommsen. Pour lui, les *prædes* sont assimilables à des otages. Ils ne garantissent point une *obligation* principale, car le *manceps* n'est pas obligé. Ils garantissent un fait, un *événement*. En cas de non accomplissement de ce fait, ils peuvent être immédiatement vendus. Le créancier a recours contre eux tous, et seulement contre eux.

Ces divers systèmes ne sont pas inconciliables :

En effet, Mommsen et Jordan admettent ensemble que le *manceps* n'est pas tenu : Bachofen et Zimmermann répondent qu'il est tenu comme *præs*. Mais s'il est tenu comme *præs*, il n'est pas tenu comme *manceps*. Son obligation vient peut-être de ce qu'il s'est offert lui-même pour garantir, en qualité de *præs*, l'exécution du fait qu'il devra accomplir. Cette pensée se fortifie singulièrement par l'examen des sources où Bachofen et Zimmermann puisent leur opinion. Ils invoquent un texte, la *lex Puteolana parieti faciundo*, où l'on voit ces mots : *manceps atque idem præs*. Dans les autres textes, on ne

(1) Pfandrecht, p. 222.
(2) *De notione et historia cautionis prædibus prædiisque* diss. inaug. Berolini 1857, pag. 10.
(3) *De prædibus litis et vindiciarum*, diss. inaug. Berolini 1860, pag. 16 et s.

remarque point cette adjonction étroite des deux mots, *manceps* et *præs*. La seule conclusion qu'on puisse en tirer, c'est donc que parfois le *manceps*, se trouvant dans des conditions de fortune qui garantissaient suffisamment le recours du créancier, s'offrait lui-même comme caution du fait qu'il avait promis, afin d'éviter à un tiers une responsabilité souvent très onéreuse.

Nous rejetterons, comme trop peu sérieux, un texte sur lequel Bachofen et Zimmermann s'appuient : c'est le suivant :

Festus, sup. verb. manceps.

« *Manceps dicitur, qui quid a populo emit conducitve..... qui idem præs dicitur, quia tam debet præstare populo, quod promisit, quam is qui pro eo præs factus est .*»

Les savants ne sont pas fixés sur l'origine du mot *præs*. Les uns, comme Zimmermann, Mommsen, le font venir de *præ videre*, en s'appuyant sur ces mots déjà cités de la loi de 643 : *manceps, prævides, prædiaque soluti sunto* (1). Jordan propose l'étymologie *præsides*, et remarque, en faveur de la théorie qui assimile le *præs* à l'otage, le rapport de mots qui existe entre *præ sides* et *ob sides* (2). Quoi qu'il en soit de cette controverse, les progrès modernes de la science étymologique ne nous permettent pas de suivre l'avis de Festus, ni de voir le moindre rapport d'origine entre : *præs* et *præstare*. Festus s'est certainement laissé entraîner ici par un de ces

(1) Zimmermann, *l. cit.*, p. 8.
(2) Jordan, *De prædibus litis et vindiciarum*, p. 32.

jeux de mots chers aux grammairiens de Rome, et qui leur permettaient de voir, dans un rapport fortuit de syllabes, une relation de parenté entre deux noms. *Præs* ne peut pas venir de *præstare*, car la racine *sta* ne pourrait manquer de se trouver dans les dérivés de ce verbe. Au point de vue juridique, même, on ne saurait admettre une étymologie si contraire au bon sens : le *præs* ne doit pas *præstare*. Il est seulement susceptible d'exécution : comment admettre, en raison, qu'un mot puisse venir d'un autre qui ne présenterait avec lui aucun rapport de sens ?

Cette observation faite, le renseignement donné par Festus perd beaucoup de sa valeur scientifique. Tout ce qu'on peut en conclure, c'est que peut-être au temps de Festus, l'habitude s'était généralisée de voir le *manceps* s'offrir lui-même comme *præs*. Peut-être même s'était-elle généralisée au point qu'il n'y avait pas nécessité, pour cela, que le *manceps* s'engageât expressément, et que, par ce fait même qu'on était *manceps*, on se soumettait à l'obligation du *præs* : *manceps atque idem præs*.

Donc, en examinant les arguments de Bachofen et de Zimmermann, on arrive à découvrir que même dans leur système, le *manceps* n'est pas tenu, du moins comme *manceps*. Et c'est en effet l'opinion qui semble devoir résulter de l'examen attentif des textes.

D'abord, il n'est question nulle part de l'exécution sur le *manceps*. On pourra nous répondre que cela n'a rien d'étrange, étant donnée la pénurie des textes que nous

avons conservés sur les *prædes*. Mais précisément, la loi
de Malaga, retrouvée en Espagne en 1851, s'étend très
longuement sur ce genre de caution, et sur les formalités auxquelles leur vente était soumise. Après avoir fait
remarquer qu'elle règle leur obligation conformément au
droit de Rome (LXIV), ce qui augmente encore l'importance que nous devons attribuer à ses renseignements,
elle décide que les *prædes* qui n'auront pas été libérés,
seront vendus :

« *Eosque prædes... qui... soluti liberati..... non sunt
non erunt aut non sine dolo malo sunt erunt, II viris, qui
ibi jure dicundo præerunt, ambobus alterive eorum ex de-
curionum conscriptorumque decreto, quod decretum cum
eorum partes tertiæ non minus quam duæ adessent factum
erit, vendere legemque his vendundis dicere jus potestasque,
esto* ».

La loi de Malaga, on le voit, ne ménage pas les mots :
Plutôt que de sous-entendre une idée, elle préfère l'ex-
primer deux fois. C'est une raison de plus de croire
qu'elle n'eut point omis de parler de l'exécution sur le
manceps, si le *manceps* avait pu être exécuté.

Les autres textes qui, de près ou de loin, touchent à
cet ordre d'idées, nous apportent une confirmation tacite de l'opinion que nous défendons, savoir que le
manceps n'était pas tenu. C'est ainsi qu'on lit dans Cicéron, *ad famil.*, V. 20 :

« *Quamobrem de Volusio quod scribis non est id ratio-
num, docuerunt enim me periti homines, in his cum om-*

*nium peritissimus, tum mihi amicissimus, C. Camillus,
ad Volusium transferri nomen a Valerio non potuisse;
sed prædes Valerianos teneri. Erat enim curata nobis pe-
cunia Valerii mancipis nomine, ex qua relicuum quod
est in rationibus retuli. Nam et Volusii liberandi meum
fuit consilium, et ut multa tam gravis Valerianis prædibus ipsique P. Mario depelleretur a me inita ratio
est »*.

Ici encore, on le voit, c'est, non pas Valérius lui-
même, non pas le *manceps*, mais ce sont ses *prædes*,
que menace le danger de l'exécution.

Nous conclurons donc en définitive, nous fondant sur
les textes que nous avons cités, sur l'argumentation de
Mommsen, et sur l'impossibilité où se trouvent ses con-
tradicteurs de sortir du cercle où les met leur système,
que les *prædes* seuls étaient tenus, et que, au cas où le
débiteur principal n'exécutait pas volontairement, le
créancier n'avait de recours que contre eux.

On trouvera peut-être une semblable législation inique et étrange : Inique, elle ne l'est point, car il est bien
certain que si le créancier lui-même ne pouvait pas agir
contre son débiteur, les *prædes* avaient contre leur commettant, un recours sévère, de sorte que le *manceps*
était, au moins indirectement, forcé d'exécuter. Sur ce
point, toute la critique est d'accord.

Quant à l'étrangeté de cette théorie, elle devient moins
choquante, lorsqu'on en explique les causes historiques.
Nous le tenterons au prochain paragraphe. — Avant d'y

arriver, récapitulons brièvement ce que, jusqu'à présent, nous avons essayé d'établir :

Le *præs*, au moment où se placent les textes que nous avons cités, c'est-à-dire vers la fin de la République, et le début de l'Empire, était une sorte de caution spéciale aux obligations dans lesquelles un intérêt public était engagé. Cette caution s'obligeait verbalement, en disant ce simple mot : *Præs*. En cas de non-accomplissement de la chose qu'elle garantissait, le créancier n'avait de recours que contre elle, mais il pouvait exercer ce recours sans autorisation de justice, en vendant à son profit, les biens du *præs*.

Comment se faisait cette vente ? Dans tout ce qui précède, nous ne l'avons pas recherché : Les formalités auxquelles elle était soumise sont, pour la critique moderne, un sujet de discussions sans fin. Nous n'avons pas cru devoir entrer dans cette controverse, de peur de dépasser les limites de notre sujet. A l'origine, en effet, c'est-à-dire au temps qui seul nous intéresse, le *præs*, de l'avis unanime, était vendu *trans Tiberim*. Nous reviendrons plus tard sur ce point.

§ 2. — *Qu'était, à l'origine, la caution du* præs ?

Nous avons dit qu'au temps de Cicéron, la caution des *prædes* était employée seulement vis-à-vis du peuple, ou quand un intérêt public était en jeu.

Il est peu probable qu'il en ait toujours été ainsi. On

2

ne conçoit pas bien qu'une sorte de caution spéciale soit inventée pour défendre des intérêts publics, à l'origine d'une législation. Les hommes songent d'abord à défendre des intérêts particuliers, et quand plus tard la notion de la chose publique s'augmente et s'élargit, elle trouve, dans la législation déjà existante, des armes toutes prêtes dont il serait invraisemblable qu'elle ne se servît pas.

D'ailleurs, nous trouvons, dans l'existence même des *prædes litis et vindiciarum*, une preuve directe que des *prædes* pouvaient être fournis à des particuliers. Il est vrai que certains auteurs ont soutenu en dépit de toute apparence, que les *prædes litis et vindiciarum* étaient, eux aussi, fournis à la République. Bien que cette question nous fasse entrer avant l'heure, dans le domaine plus spécial des *prædes litis et vindiciarum*, nous croyons devoir l'examiner à cette place même, afin de ne pas couper la suite de notre raisonnement.

Ainsi, Mommsen prétend que la *summa sacramenti*, dont il s'agit à proprement parler, étant promise à la République, la République est le demandeur véritable au procès ; il en conclut que c'est à la République que les *prædes litis et vindiciarum* doivent être fournis (1). Nous reconnaissons bien que la République a un intérêt au procès. Mais en quoi consiste cet intérêt ? A recevoir le *sacramentum*, de l'un ou de l'autre des adversaires. Ce *sacramentum* est suffisamment garanti par les *prædes sacramenti*, qui sont, comme tout le monde le sait, en-

_____

(1) *Loco cit.*, p. 469.

gagés vis-à-vis de la République. Cela n'a rien à voir avec la restitution de la chose, qui intéresse seulement les parties, et que garantissent les *prædes litis et vindiciarum*.

Stinzing (1) présente en faveur du même système un argument plus spécieux. D'après lui, la République, en acceptant de régler la possession intérimaire par l'intermédiaire du préteur, se fait partie au procès. Si le préteur a attribué la possession à celui qui n'était pas propriétaire, la République en est responsable comme d'une faute commise. Elle devra donc indemniser le vrai propriétaire du dommage que pourra lui causer la non restitution de la chose. C'est pour se garantir de cette responsabilité qu'elle exige du possesseur intérimaire, des *prædes litis et vindiciarum*. Ces *prædes*, fournis dans son intérêt, sont donc publics, et non privés. Mais il est clair que le préteur, en décrétant les *vindiciæ*, faisait un acte de *jurisdictio* qui ne pouvait entraîner la moindre responsabilité ni pour la République, ni pour lui-même.

Enfin, d'après Danz (2), la République avait un intérêt religieux à ce que le défendeur ne profanât pas ses *sacra* en conservant injustement la possession d'une chose dont il n'était pas propriétaire. Intérêt bien lointain, bien platonique, et pour la sauvegarde duquel on ne s'explique guère que la République ait pris des garanties.

Sur ce point, nous aimons mieux croire Gaius. Il dit

(1) Krit. *Zeitschr.*, III, p. 355.
(2) *Der sacrale Schutz in röm. Rechtsverkehr*, p. 219.

clairement, simplement : *eumque jubebat prædes* adversario *dare litis et vindiciarum* (IV, 16). Nous dirons donc
que les *prædes* étaient fournis par le défendeur *à son adversaire*. Nous ne réfuterons pas Muther (*sequestration und
arrest*, p. 141), qui, pour fortifier la théorie de Stinzing,
se permet de lire ce passage de Gaius de la façon suivante : *eumque jubebat sibi* (*prætori*) *et adversario prædes
dare*. Nous remarquerons seulement combien il est logique que les *prædes* soient fournis par le possesseur à
son adversaire lui-même : ce dernier n'a-t-il pas un intérêt évident à ce que la restitution lui soit garantie ? Il
n'est vraiment pas besoin d'inventer des systèmes, pour
expliquer qu'il reçoive caution (1).

Revenons donc à l'objet actuel de nos recherches :
l'origine de la caution des *prædes*. De ce que nous venons
de dire, nous pouvons conclure que des *prædes* ont pu
d'abord être fournis à des particuliers, et que les *prædes
litis et vindiciarum* nous en offrent un exemple.

Mais si les *prædes* ont pu à l'origine servir dans les

---

(1) Au moment où nous écrivions ceci, M. Cüenot, dans une thèse fort
intéressante, et très documentée, sur la condamnation civile à l'époque
des actions de la loi (Paris, 1892) proposait le système suivant (page 147) :
L'État s'attribue d'abord les *vindiciæ*, à lui-même ; plus tard, ne pouvant
continuer à se faire sequestre dans tous les procès, il exige, du possesseur, des *prædes*, pour garantir qu'en cas de perte, restitution lui sera
faite, et ces *prædes*, constitués envers lui, il les cède au demandeur. Nous
ne voyons nulle part la preuve de cette confiscation originaire, et nous ne
nous expliquons guère cette cession, se faisant « sans forme, sans déclara-
tion de volonté, découlant uniquement du verdict rendu sur le *sacramentum* ». D'ailleurs, si l'État cède ses *prædes* à un particulier, c'est que les
prædes peuvent avoir pour créancier un particulier ; s'ils peuvent avoir
pour créancier un particulier, pourquoi ne pas admettre tout de suite
qu'ils s'engagent vis-à-vis du particulier lui-même ?

rapports entre particuliers, comment expliquer qu'ils
n'aient plus été usités, au bout d'un certain temps, que
lorsqu'il fallait garantir un intérêt public ?

La vraie raison, c'est que la République ne pouvait
pas être cautionnée autrement que par des *prædes* : nous
avons déjà vu que, jusqu'au milieu de l'Empire, les Romains n'admettaient pas que l'État put agir en justice.
Or, toutes les sortes de cautions, *sponsio*, *fidepromissio*,
fidejussio, donnaient lieu à une action *ex stipulatu* sans
l'intermédiaire de laquelle on ne pouvait les exécuter.
Les *prædes*, au contraire, tenaient de leur antique origine cette règle, déjà connue, qu'ils pouvaient être vendus et saisis sans autorisation de justice. C'est pourquoi
l'État continua si longtemps d'exiger des *prædes*. On
peut voir d'ailleurs, que, dès qu'il fut admis que l'État
pouvait agir en justice, les *prædes* disparurent tout à fait :
des fidéjusseurs cautionnèrent les dettes contractées
vis-à-vis du fisc, absolument de la même façon que les
dettes contractées vis-à-vis des personnes privées.

Ajoutons que l'État trouvait, dans la sévérité de l'engagement des *prædes*, des garanties que ne lui eussent
point données les autres sortes de cautions : cette raison
contribua peut-être à maintenir l'usage des *prædes* dans
les dettes contractées vis-à-vis de l'État.

Comment s'engageaient les *prædes* à l'origine ?

Nous avons vu que vers le VIIe siècle, leur promesse
était verbale : *Præs*. Or, si l'on admet la théorie d'après
laquelle toutes les promesses verbales eurent pour ori-

gine le serment, il y aurait, dans la sévérité même de l'obligation des *prædes*, de grandes raisons de croire qu'eux aussi s'engagèrent d'abord par une formule sacrée.

A ces époques primitives, où l'homme n'avait encore du droit qu'une notion confuse, on peut s'expliquer en effet que le serment ait pu tenir une grande place dans les transactions des hommes. On ne comprenait pas encore qu'une simple promesse pût engager quelqu'un (1). Mais on honorait les dieux, et l'homme qui avait juré par eux ne se parjurait pas.

Très vraisemblablement, ce fut par un serment que s'engagea le *præs*, à l'origine. Ce mode d'engagement explique pourquoi cette caution était tenue d'une façon si sévère. Si le fait qu'elle avait garanti ne s'accomplissait pas, le créancier avait à lui demander compte, non point d'un simple dommage matériel, mais d'un parjure : En la poursuivant, il se faisait l'instrument des vengeances du ciel.

En présence, d'un intérêt si redoutable, qu'eût été, à quoi eut servi le simple remboursement du préjudice matériel ? Le *præs* avait donné sa foi que telle chose serait faite. Il en répondait sur sa vie, sur sa personne et sur ses biens : la vente *trans Tiberim* n'était pas une punition trop sévère de son parjure.

Reste une dernière question à examiner relativement à l'origine des *prædes* :

(1) Loi 6, *De pactis*.

Nous avons cru devoir admettre qu'au temps de Cicéron, les *prædes* seuls répondaient de la dette vis-à-vis du créancier, et que le *manceps* n'était pas tenu.

En était-il ainsi à l'origine ?

Au premier abord, on est tenté de répondre : non. Comment admettre, en effet, qu'au moment de la législation la plus sévère, on ait pu permettre au *manceps*, débiteur principal, de ne pas tenir sa promesse, et se contenter dans ce cas, de poursuivre ses cautions ?

Pourtant, il est certain que si, au temps de Cicéron, les *prædes* seuls étaient tenus, cette règle venait d'un temps très antérieur, puisque, dans les modes de cautionnement plus récents, il y avait tendance constante à ce que la responsabilité du garant fut de plus en plus diminuée.

Comment donc accorder celà ?

Un auteur allemand, Jordan (1) propose l'ingénieuse explication qui suit : il compare les rapports qui existaient d'abord entre individus de familles différentes, à ceux qui existèrent plus tard entre les cités. Quand une cité promettait quelque chose à une autre cité, elle n'était pas tenue d'exécuter sa promesse. Pour garantir l'exécution, la cité créancière demandait à la cité débitrice des otages, *obsides*, qui payeraient de leur vie l'inaccomplissement du fait promis. De même, d'après Jordan, lorsque, à l'origine, un homme s'engageait vis-à-vis d'un autre, il n'était pas tenu par sa promesse, et le créan-

_____

(1) *De præd, lit. et vind.*, p. 16 et s.

cier, pour garantir son droit, pouvait lui demander des *prædes*, qui paieraient l'inexécution de leur personne et de leurs biens.

Jordan invoque à l'appui de son opinion l'impossibilité où se trouvait l'État de contracter à Rome. La République, dit-il en substance, n'avait pas la personnalité civile : elle ne pouvait pas faire de contrats. Donc, on ne pouvait pas s'engager envers elle, ou du moins, on n'était pas lié par les engagements pris. Les conventions avec l'État se réduisaient à des prévisions, à de simples allégations, dont la réalisation dépendrait ultérieurement de la bonne volonté du promettant. Il fallait, pour que cette réalisation fut assurée, qu'un intérêt puissant forçât le promettant à faire la chose promise, et l'on ne trouva rien de mieux, dans ce temps où l'on attachait tant d'importance à la foi jurée et aux relations de famille, que de lui demander des otages, pris probablement parmi ses plus proches. Ces otages ne garantissaient point une *obligation*, puisque le promettant n'était pas *obligé*. Mais leur vie, ou tout au moins leur liberté, était suspendue à l'accomplissement d'un fait ; ce fait ne s'accomplissant pas, ils devenaient la chose, la proie du créancier. — Jordan va même jusqu'à voir un rapport d'étymologie entre *prædes*, qu'il fait venir de *præsides*, et *obsides*, otages.

Ce raisonnement ne nous paraît pas absolument impeccable. D'abord, il présente le grand inconvénient de ne s'appliquer qu'aux rapports des particuliers avec la

République. Mais Jordan lui-même admet bien qu'à l'origine, la caution des *prædes* put servir entre particuliers. Il est bien évident que, dans ce cas, on ne saurait expliquer l'irresponsabilité du *manceps* par l'absence de personnalité du créancier. Ensuite, même dans les engagements contractés vis-à-vis de l'État, on s'expliquerait difficilement que la République ait pu être privée de tout moyen de coercition contre ceux qui s'étaient engagés envers elle à faire quelque chose. Dans l'idée des Romains, l'impossibilité, pour l'État, de contracter, ne tenait point à une incapacité, à une infériorité, bien au contraire : l'État ne contractait pas, parce qu'il était trop haut pour s'engager ; cela n'empêchait point que des particuliers ne pussent être obligés envers lui. On n'a jamais vu, par exemple, que la République ait manqué de moyens d'exécution contre les citoyens qui ne payaient pas l'impôt. Il faudrait donc raisonner avec une subtilité toute moderne, pour croire, avec Jordan, que le *manceps* n'était pas engagé envers la République, parce que la République ne pouvait pas contracter.

Quant à l'argument tiré de la raison étymologique, il n'est guère probant. Il est peu croyable que *prædes* vienne de *præsides*. On trouve dans les textes le mot *prævides,* qui écarte toute idée de rapport entre *prædes* et *obsides.*

Rejetterons-nous donc la théorie de Jordan ? Pas absolument.

Jordan nous dit : la République ne *pouvait* pas contracter avec le *manceps*; c'est pourquoi le *manceps* lui-même n'était pas tenu.

Nous, nous dirons : le créancier quel qu'il fût, État ou homme privé, ne *voulait* pas contracter avec le *manceps*.

Il y a lieu de croire, en effet, qu'à l'origine des législations, les hommes se sont fait du cautionnement une tout autre idée que nous. Ils n'avaient point encore su distinguer de nuances entre ce que nous appelons aujourd'hui l'obligation principale et l'obligation accessoire. Lorsqu'un Romain, de la Rome primitive, exigeait des *prædes* de la part de son débiteur, c'est qu'il n'avait pas foi dans son débiteur lui-même. Il lui demandait donc, pour garantir l'exécution de sa promesse, l'engagement de personnes en qui il eût foi. Ces personnes devenaient pour ainsi dire débiteurs principaux, vis-à-vis du créancier : il ne connaissait qu'elles : elles seules étaient responsables de la dette, parce que, seules, elles avaient engagé leur foi.

Considérons ce qui se passait au moyen âge, pour les plèges (1). Les commentateurs nous apprennent que le débiteur était tenu seulement de fournir des plèges, qu'en les fournissant, il se libérait. Cela ne revient-il pas à dire que le débiteur principal n'était pas tenu (2)? Maintenant encore, dans l'opinion courante, bien des

---

(1) M. Esmein, *Étude sur les contrats dans le très ancien dr. Français*, p. 85 et 3.

(2) Même chose dans le droit Lombard. V. Schroder, cité par Ihering, III, introd., p. XV, 4ᵉ éd.: « dans le droit Lombard et dans le droit Burgonde, on ne connaissait qu'un droit de saisie du créancier sur le garant et du garant sur le débiteur ».

créanciers s'imaginent qu'ils auront recours immédiat contre la caution, dès le délai d'exécution passé, et ne se doutent pas de l'existence du bénéfice de discussion. Si l'on se souvient que dans l'ancienne Rome, un *pactum nudum* n'obligeait personne, tandis qu'au contraire, l'engagement par le *nexum* était susceptible d'entraîner tous les effets d'un serment violé, n'a-t-on pas encore plus de raisons de croire qu'à cette époque, le *manceps*, qui faisait sans doute une simple promesse, qui même, dans beaucoup de cas (cas d'amende, par exemple) ne faisait pas de promesse du tout, n'était pas tenu, tandis que ses *prædes*, qui s'engageaient pour lui par la formule redoutable du serment, étaient tenus sur leur liberté et sur tous les biens?

On pourra dire qu'une semblable législation rend bien facile la condition du *manceps*. S'il n'exécute pas, le créancier ne le poursuivra pas ; les *prædes*, seulement, seront vendus *trans Tiberim*. Personne, par conséquent, ne pourra l'inquiéter, car il n'est pas admissible que des gens vendus *trans Tiberim* puissent exercer une action contre qui que ce soit :

Il est certain qu'aujourd'hui, où tout se règle à peu près exclusivement sur l'intérêt pécuniaire, où la flétrissure morale compte de moins en moins, où la honte qui, naguère encore, s'attachait à la faillite, tend à diminuer de jour en jour, une semblable législation serait des plus dangereuses. Mais il faut songer que l'antique Rome était aussi austère que barbare. Qu'on se rappelle comment, dans l'antiquité, était châtié le mauvais hôte! Un intérêt moral bien supérieur à tous les intérêts matériels, empêchait l'homme qui avait fourni des *prædes* de trahir ceux qui, pour lui, avaient engagé leur foi.

Nous croyons donc pouvoir dire en résumé qu'à l'origine du droit romain, les *prædes* étaient une sorte de caution générale, usitée aussi bien dans les rapports entre particuliers que vis-à-vis de l'État ; qu'elle s'engageait très probablement par serment ; qu'en cas d'inexécution de la chose qu'elle garantissait, elle était seule responsable, et devenait, sans qu'une action en justice fut nécessaire, la chose, le bien du créancier.

B. — Des prædes litis et vindiciarum en particulier.

Arrivons à l'objet plus particulier de ce chapitre, aux *prædes litis et vindiciarum*.

Nous avons établi déjà que les *prædes litis et vindiciarum* étaient une sorte de caution fournie dans la procédure du *sacramentum in rem*, par le possesseur intérimaire à son adversaire, pour garantir à ce dernier la restitution de la chose et des fruits, au cas où il triompherait définitivement devant le *judex*.

Cette caution est donc un exemple, le seul qui nous soit resté, de *prædes* fournis par un particulier à un particulier.

Nous n'insisterons pas sur la forme de l'engagement des *prædes litis et vindiciarum*. Nous avons dit que les *prædes*, au temps de Cicéron, s'engageaient *verbis* ; qu'à l'origine, ils s'étaient engagés vraisemblablement par serment. Il est à croire que les *prædes litis et vindiciarum* obéissaient aux règles de l'engagement des *prædes* en général, et qu'ils subirent les mêmes variations de formule. Cette question n'a d'ailleurs qu'un intérêt très secondaire, et il est impossible d'y répondre avec certitude, dans le silence des textes.

Une autre question est plus importante. Elle est le but même de notre étude, et, à sa solution, s'attache tout l'intérêt de ce que nous avons déjà dit. C'est, savoir, à quoi servaient les *prædes litis et vindiciarum ?*

Nous avons soutenu que les *prædes* en général étaient seuls responsables vis-à-vis du créancier, et que l'exécution ne pouvait porter que sur eux.

Si ce principe s'applique aux *prædes litis et vindiciarum*, nous devrons dire que dans la procédure du *sacramentum in rem*, celui qui a été constitué possesseur intérimaire par le préteur, n'est pas tenu, au cas où le *judex* statuerait contre lui, de restituer à son adversaire la chose litigieuse. Dire que les *prædes litis et vindiciarum* sont seuls responsables de l'exécution, c'est admettre, en effet, que le non-possesseur, s'il triomphe, n'aura de recours que contre eux. Nous arriverions donc à conclure, en dernière analyse, que, dans la procédure du *sacramentum in rem*, le seul moyen d'exécution consiste dans la vente des *prædes*.

Or, comme nous l'avons dit déjà, la critique moderne

est très divisée sur le point de savoir comment s'opérait l'exécution sous la procédure du *sacramentum in rem*.

Nous examinerons les divers systèmes proposés, et nous verrons ensuite si l'opinion à laquelle nous amène la rapide étude que nous avons faite sur les *prædes* en général, n'est pas en définitive celle qui se concilie le mieux avec la raison et avec les textes.

Deux pages perdues du manuscrit de Gaius ont causé toutes les controverses. Les renseignements fournis par le jurisconsulte s'arrêtent juste au moment où, sans doute, il devait expliquer l'exécution dans le *sacramentum*, et l'incertitude où nous met cette lacune est d'autant plus grande que la façon dont Gaius nous explique que le juge rendait sa sentence ne nous fournit aucun indice sur le point de savoir comment cette sentence pouvait être exécutée.

Le juge, en effet, ne donnait pas d'ordre : il ne décidait même pas, à proprement parler, le droit des parties. Il constatait seulement un fait : De qui le *sacramentum* était *justum*. « La *sententia*, c'est-à-dire le jugement sur le *sacramentum*, impliquait uniquement une opinion affirmative ou négative sur l'*intentio* du demandeur, et le défendeur, si ce jugement lui était contraire, n'était pas pour cela *condemnatus*, mais tout au plus *judicatus* (1) ».

Comment, de cette affirmation purement spéculative

(1) Keller, *civil. process*, trad. Capmas, p. 65.

du *judex* sur le droit du vainqueur, arrivait-on à la sanction pratique de ce droit?

Ici, les systèmes abondent.

Quelques auteurs croient supprimer la difficulté en affirmant, sans le prouver, qu'une fois que la sentence du juge avait établi le droit du demandeur, celui-ci avait de nouveau recours à l'autorité du préteur, pour obtenir une mise en possession définitive.

Mais ces auteurs ne s'entendent guère sur le point de savoir par quel moyen le préteur accordait cette mise en possession :

D'après Huschke (1) la chose était *addicta* au vainqueur. — D'après Bekker (2) le vainqueur devait avoir recours à une nouvelle *in jus vocatio*, dans laquelle le préteur lui remettait les *vindiciæ* à titre définitif. — D'après Savigny (3) le préteur n'avait pas recours à l'*addictio*, mais à la *pignoris capio*, ou à la *bonorum possessio*. — Wetzell (4) supprime toute intervention du préteur, et croit que celui dont le *sacramentum* avait été déclaré *justum* se mettait simplement en possession par la force, s'il n'y était déjà.

La variété même de ces théories montre tout ce qu'elles doivent à l'imagination de leurs auteurs. Elles ont toutes le défaut d'être créées de toutes pièces, sans être basées sur les textes. Aussi nous ne nous attarderons

(1) Gaius, p. 169.
(2) *D. Processual Consumption*, etc., p. 39.
(3) Vermischte, Schriften, II, p. 403.
(4) *Vindication process.*, p. 63.

pas à les examiner, certain que nous pourrons trouver dans les sources des moyens de discussion plus sérieux.

Keller (1) a proposé une explication qui paraît plus solide. D'après lui, lorsque le juge avait rendu sa sentence en faveur du non possesseur, ce dernier devait recourir à une procédure subsidiaire, nommée *arbitrium litis æstimandæ* : « On ne doit pas se figurer par là, dit-il, un nouveau procès, au moyen d'une nouvelle *legis actio*, mais simplement, comme tout semble l'indiquer, une procédure accessoire et secondaire, soit qu'elle eut lieu devant le *judex* ou le collège qui avait déjà statué sur la question principale, soit qu'elle se passât devant une fraction de ce dernier ou devant des *arbitri*.

« Nous manquons, il est vrai, de renseignements précis et directs sur cette partie du procès engagé *per sacramentum*. Mais quelque chose de tout à fait semblable à la procédure dont il s'agit ici se trouve cependant plusieurs fois mentionné sous le nom de *litis æstimatio*, au sujet du *judicium repetundarum*, qui, dans son dernier état et dans son complet développement, se présente sans doute comme un *judicium publicum*, mais qui, dans le principe, se déroulait sous la forme d'un simple procès civil, auquel il est dit expressément que l'*actio sacramenti* était applicable. »

Le résultat de cette procédure était une condamnation à une somme d'argent, représentative de la valeur de la

---

(1) *Civil process.*, trad. Capmas, p. 66.

chose en litige, et qui pouvait donner lieu à la *manus injectio judicati* en cas de non paiement.

Puchta (1), Römer (2), Bachofen (3), et en France M. Accarias (4) se sont ralliés à la théorie de Keller.

Malgré la haute autorité de ces jurisconsultes, cette théorie nous paraît bien difficile à admettre.

D'abord, et avant tout examen des textes, une pareille complication de procédure semble assez étrange, à une époque où l'on n'était pas encore accoutumé à toutes les subtilités du droit. Il est vrai que Keller invoque, à l'appui de sa théorie, l'exemple du *judicium repetundarum*, déjà connu au temps du *sacramentum*. Mai son ne peut pas conclure, du *judicium repetundarum*, à ce qui se passait sous le *sacramentum in rem*. Le *judicium repetundarum* était un procès en concussion qui, sous la période classique, prit la forme des *judicia publica*. Mais quand auparavant il empruntait la procédure du *sacramentum*, il ne pouvait pas suivre les règles du *sacramentum in rem*. C'était certainement une action *in personam*, pour laquelle on s'explique fort bien, d'ailleurs, que des formalités spéciales aient été nécessaires ; quand on accuse quelqu'un de concussion, il est bien difficile de fixer, *à priori*, le chiffre du dommage. C'est dans des procès de ce genre que se comprend le mieux la nécessité d'une expertise. La *litis æstimatio* répondait, sans aucun doute,

---

(1) Lehrbuch d. Instit., § 179.
(2) Erloschen des Klag. Rechts, p. 8.
(3) Nexum, p. 136.
(4) *Précis du dr. R.* § 792.

à cette nécessité. — Dans un procès en revendication, il n'en est pas de même : l'objet du litige est une chose matérielle parfaitement déterminée, et les raisons spéciales qui expliquent l'existence d'une *litis æstimatio* dans le cas précédent n'existent point ici.

D'ailleurs, Keller a oublié que sa théorie est en contradiction avec un texte de Gaius :

Gaius, IV, 48 :

« *Omnium autem formularum quæ condemnationem habent, ad pecuniariam æstimationem condemnatio concepta est. Itaque, et si corpus aliquod petamus, veluti fundum, hominem, vestem aurum argentum, judex non ipsam rem condemnat eum cum quo actum est, sicut olim fieri solebat, sed, æstimata re, pecuniam eum condemnat* ».

Ce texte a donné lieu à de très nombreuses discussions. Sans nous attacher à démontrer dès à présent son sens exact, nous pouvons tout au moins remarquer que Gaius établit une différence entre la revendication, telle qu'elle se passait sous la procédure formulaire, et la revendication, telle qu'elle se passait sous le *sacramentum*. Or, il affirme que sous la procédure formulaire, il y avait *litis æstimatio*, et que le perdant était condamné à une somme d'argent. On peut immédiatement en conclure que, sous le *sacramentum*, il n'y avait pas *litis æstimatio*, et que le perdant n'était pas condamné à une somme d'argent.

Les partisans de l'opinion de Keller (1), ne manquent

(1) Puchta, *l. cit.*, p. 154. — Rômer, *l. c.*, p. 8.

pas d'invoquer un autre texte, et de l'interpréter en faveur de leur système.

C'est le 3ᵉ de la table XII :

« *Si vindiciam falsam tulit, si velit is*....... *tor arbitros
tris dato, eorum arbitrio*....... *fructus duplione damnum
decidito* ».

Il est certain qu'ici encore, il est question d'une estimation. Mais il faut remarquer que cette estimation
concerne seulement les fruits. La loi des XII Tables aurait-elle pu omettre de parler de l'estimation de la chose,
si l'estimation de la chose avait eu lieu ?

D'ailleurs, une raison qu'on trouvera peut-être subtile, mais qui nous paraît très fondée, nous empêche
d'attribuer à ce texte l'importance que lui donnent les
partisans de Keller, sur le point qui nous occupe. Dans
le système de Keller, en effet, la *litis æstimatio* aurait été
un moyen nécessaire de préparer l'exécution ; personne
n'aurait pu s'y soustraire. Que viendrait donc faire alors
ce *si velit is* du texte précité ? On discute sur le point de
savoir s'il concerne le demandeur ou le défendeur ; mais,
quelque opinion qu'on admette, il signifie toujours une
idée de faculté, de choix, absolument inconciliable avec
la doctrine de Keller.

Nous reviendrons plus tard sur ce texte des XII Tables. Pour l'instant, il nous suffisait de montrer qu'il
n'apporte aucun argument à la doctrine de la *litis æstimatio*.

Cette doctrine, nous la rejetterons donc, comme les autres.

Ainsi, aucun des systèmes que nous avons passés en revue ne répond à notre question d'une façon satisfaisante ; aucun ne peut expliquer comment, sous la procédure du *sacramentum in rem*, s'opérait l'exécution.

C'est à notre avis, que tous partent d'un faux point de vue. Ils veulent expliquer comment s'opérait l'exécution sur le possesseur de la chose litigieuse. Nous croyons que l'exécution ne se faisait pas sur le possesseur.

Il est temps de nous rappeler ce que nous avons dit des *prædes* en général. Nous avons conclu que lorsqu'un débiteur principal, un *manceps*, fournissait à son créancier des *prædes*, ces derniers seuls étaient tenus, et le créancier n'avait de recours que contre eux.

Ce principe va pouvoir nous donner la clé du mystère que Savigny, Huschke, Beckker, Wetzell, Keller et d'autres, ont essayé en vain de découvrir.

Il y a lieu de croire, en effet, que les *prædes litis et vindiciarum*, qui, en somme, étaient des *prædes* comme les autres, suivaient les règles des autres *prædes*. Et déjà, de cette similitude de situation, on peut conclure que dans le *sacramentum*, le non-possesseur, en faveur de qui le juge avait rendu sa sentence, ne pouvait obtenir du possesseur intérimaire, la restitution de la chose, qu'en le menaçant de vendre ses *prædes*.

Mais si l'on examine de près la procédure du *sacra-*

mentum, on trouve, alors, des raisons toutes spéciales, et bien convaincantes, d'admettre cette théorie.

Revoyons plus à fond ce texte où Gaius nous renseigne sur la procédure du *sacramentum.* Examinons de nouveau ces deux parties distinctes de l'instance : la première, *in jure,* avec ses solennités, ses phases successives, ses formules rigoureuses ; la seconde, *in judicio,* devant le *judex,* toute simple et pratique, sans formes déterminées, sans autre souci que de chercher la vérité juridique, et de donner gain de cause à celui qui le mérite.

Gaius, IV, 16 :

« ... *Qui vindicabat, festucam tenebat ; deinde ipsam rem adprehendebat, veluti hominem, et ita dicebat : « hunc ego hominem ex jure quiritium meum esse aio secundum suam causam. Sicut dixi, ecce tibi, vindictam imposui »,* *et simul homini festucam imponebat ; adversarius eadem similiter dicebat et faciebat ; cum uterque vindicasset prætor dicebat : « Mittite ambo hominem » ; illi mittebant ; qui prior vindicaveret, ita alterum interrogabat : « Postulo anne dicas qua ex causa vindicaveris » ; ille respondebat : « Jus feci sicut vindictam imposui » ; deinde qui prior vindicaverat, dicebat : « Quando tu injuria vindicavisti, D æris sacramento te provoco » ; adversarius quoque dicebat similiter : « Et ego te »..... deinde eadem sequebantur quæ cum in personam ageretur ... ».*

Gaius, IV, 15 :

« ..... *deinde cum ad judicem venerant, antequam*

apud eum causam perorarent, solebant breviter ei et quasi per indicem rem exponere ; quæ dicebatur causæ conjectio, quasi causæ suæ in breve coactio ».

Ces formes symboliques de la procédure *in jure*, par opposition à la simplicité de la procédure *in judicio*, semblent révéler, chez la première, une origine très antérieure à l'existence de la seconde. On ne crée pas les symboles ; on les conserve. Ce sont les restes, les vestiges des anciennes mœurs disparues. De même qu'en histoire naturelle, on peut, avec les fossiles, retrouver les formes anciennes des animaux préhistoriques, de même, en histoire, on doit considérer les symboles comme d'antiques ruines, utiles encore à nous guider dans l'étude des mœurs des temps écoulés.

Cette lutte simulée entre les deux adversaires, lutte à laquelle le préteur mettait fin par ces mots solennels : *mittite ambo*, c'est le souvenir des combats auxquels se livraient jadis les hommes, lorsqu'ils se disputaient la propriété d'une chose.

La force est la première raison que comprennent les hommes, et il ne nous faudrait pas remonter bien haut à partir d'aujourd'hui, pour voir des États civilisés appliquer encore cette théorie-là (1). Bientôt, sans doute,

---

(1) Nous ne voulons pas dire que, à l'origine, la notion du droit a manqué aux hommes. Mais la force privée étant alors le seul moyen pratique de faire respecter le droit de chacun, le droit du plus faible devait fréquemment manquer de sanction. Aussi trouvons-nous quelque peu optimiste le tableau que Ihering trace de ces époques barbares : « Ce n'était point, dit-il, le hasard qui régnait à la place du droit, ce n'était point la mesure de la force physique dont pouvaient disposer les parties conten-

les Romains jugèrent nécessaire de réglementer cette lutte : un magistrat y présida. Il en surveillait les phases, et quand il voyait de quel côté penchait décidément l'avantage, il disait : *mittite ambo.* — Le duel judiciaire du moyen âge nous démontre la possibilité et nous indique l'esprit de ces vieilles coutumes.

Peu à peu, la notion du droit s'élève. On a vu des gens être battus, qui étaient bien vraiment propriétaires. Alors, le préteur n'exige plus seulement des coups, mais des raisons : *Postulo anne dicas qua ex causa vindicaveris.* Et désormais, c'est en faveur de celui qui donnera le meilleur motif que seront prononcées les *vindiciæ,* c'est-à-dire, que sera déclarée la possession.

Quel fut, d'abord, le caractère de ces *vindiciæ* ? On peut affirmer qu'il fut définitif. La distinction entre la possession et la propriété suppose un état du droit déjà avancé. D'ailleurs, on ne comprendrait guère qu'on ait pu inventer ces deux instances successives de toutes pièces, en un seul jour.

Il est beaucoup plus vraisemblable que peu à peu, le nombre des transactions augmentant, le magistrat cessa de pouvoir accorder à chaque procès le même temps et

dantes qui faisait pencher la balance : alors déjà, bien que d'une manière imparfaite, l'idée du droit se réalisait. Celui qui, pour une injustice soufferte, était obligé de recourir à la défense privée, n'en était pas réduit à ses propres forces, débiles souvent, mais l'injustice provoquait dans le sein de la communauté la même réaction du sentiment juridique, qu'en lui-même. La prépondérance de la force physique se jetait régulièrement du côté de celui qui avait le droit pour lui. Le sentiment du droit a par lui seul, l'instinct de se réaliser ». (*L'esprit du Dr. romain,* trad. de Meulenaere, t. 1, p. 122.)

les mêmes soins qu'autrefois. Dans ses arrêts, on remarqua des erreurs commises, et on reconnut la nécessité d'un contrôle.

Ce contrôle, comment l'établir ? Le magistrat représentait le pouvoir suprême. On ne pouvait donc pas créer au-dessus de lui un tribunal d'appel. On dut recourir à un stratagème, et le serment, moyen si pratique et si fréquent dans ces temps antiques, fut encore employé ici:

Chaque partie jura qu'elle avait raison, et déposa, comme sanction de son serment, une somme d'argent, *summa sacramenti*, qu'elle s'engageait à perdre si un homme choisi parmi les plus honnêtes gens, un *judex*, se prononçait contre elle. Ainsi, on respectait l'arrêt du préteur, car le *judex* ne prononçait point sur l'affaire que le préteur avait réglée déjà, mais sur le *sacramentum* des parties ; et on respectait aussi la justice, puisque le plaideur qui avait raison voyait, en définitive et par contre-coup, son droit reconnu.

Mais un grave inconvénient subsistait. Le vainqueur devant le *judex* ne triomphait qu'en pure théorie. La somme même du *sacramentum*, déposée par son adversaire, n'était pas pour lui, mais pour l'État, et, quant à l'objet litigieux, les *vindiciæ*, prononcées par le préteur, en avaient donné la possession définitive, irrévocable, à son adversaire vaincu. La décision du *judex*, en effet, ne pouvait rien changer à celle du préteur : d'abord, elle ne portait pas sur le même objet ; ensuite, on n'eut pas pu comprendre que la volonté d'un homme privé, même juste, empiétât sur le pouvoir d'un magistrat de la République (1).

C'est alors que la caution des *prædes* intervint de manière efficace. Les *prædes* promettaient qu'au cas où le *sacramentum* de celui qui avait reçu les *vindiciæ*, serait jugé injuste, la chose litigieuse et ses fruits seraient rendus à l'adversaire. De cette façon, tout fut concilié : le possesseur n'était pas tenu de rendre la chose, mais s'il ne la rendait pas volontairement, on vendait ses *prædes*. — Aussi la rendait-il toujours. Et c'est pourquoi Gaius a pu dire en fait que la possession accordée par le préteur était seulement intérimaire.

On nous reprochera peut-être d'inventer ici une théorie purement imaginaire : Il est certain que, dans l'absence des textes, on ne peut baser que sur des probabilités la série des modifications et des progrès successifs d'où naquit la procédure du *sacramentum*, telle que Gaius nous la fait connaître. Mais en supposant que nos développements contiennent quelques erreurs, nous ne croyons pas nous être trompé sur la conclusion. Un examen attentif des textes démontrerait que dans la procédure du *sacramentum*, les *vindiciæ* avaient un autre but que de fixer une simple question de possession intérimaire.

Dans la procédure formulaire, le défendeur reste jusqu'à la fin, possesseur de la chose litigieuse ; le demandeur n'en souffre point, puisque, si, plus tard, il triom-

_____

(1) V. Huschke (Gaius, pag. 188).— V. aussi Stinzing (*leg. act.*, p. 22).

phe, il est sûr de recouvrer la chose ou de recevoir un complet dédommagement. — Gaius nous apprend au contraire que, sous la procédure du *sacramentum*, le préteur, par les *vindiciæ*, peut, à son choix, remettre la chose à l'un ou à l'autre des deux adversaires. Ce choix était sans doute, déterminé par le droit apparent de l'une des deux parties. En d'autres termes, le préteur se préoccupait de remettre l'objet au véritable propriétaire : les *vindiciæ* tranchaient la question de propriété.

C'est pourquoi, lorsque le préteur s'est trompé dans son choix, les latins disent que les *vindiciæ* sont « *injustæ* ».

V. *Cicero, Pro Milone*, 27 :

« *Non* injustis *vindiciis alienos fundos..... petebas* ».

Ce mot semble bien établir que le préteur, auteur de *vindiciæ* injustæ, avait agi *contre le droit*. Il n'aurait point de sens, si les *vindiciæ* n'avaient été qu'un règlement de possession intérimaire, une simple mesure préparatoire, ne préjugeant rien sur le fond du droit, et dont les effets se fussent arrêtés à la sentence. Il se comprend au contraire admirablement, si les *vindiciæ* tranchaient la question de propriété, et si les effets, dont l'autorité du préteur les avait investies, devaient survivre à une sentence contraire du juge.

Qu'il nous soit permis d'insister sur ce point, car c'est ici la partie la plus importante, et, pour ainsi dire, le pivot de toute notre théorie.

Lorsque le préteur, à tort ou à raison, avait remis les

vindiciæ à l'un des deux adversaires, ce dernier se trouvait, en droit, véritable propriétaire de l'objet litigieux. Il le tenait de l'autorité du magistrat, et nul ne pouvait l'en déposséder. Les *vindiciæ* terminaient définitivement l'instance. Mais alors une nouvelle instance naissait, qui avait pour objet, d'examiner quel *sacramentum* était juste, et, pour but, de permettre, au cas où le *sacramentum* de celui qui avait reçu les *vindiciæ* eut été injuste, que son adversaire se dédommageât par la vente des *prædes*.

En droit donc, l'objet et le but de cette seconde instance étaient bien différents de ceux de la première : les *vindiciæ* du prêteur étaient respectées. Mais en fait, un lien indissoluble unissait les deux procès, car, si celui qui avait reçu des *vindiciæ* injustes ne rendait pas la possession à son adversaire, ses *prædes* étaient vendus. Une force morale, plus puissante que ne l'eût été l'exécution *manu militari*, condamnait le vainqueur dans la première instance à renoncer, de lui-même, aux droits que lui avait conférés l'autorité du prêteur.

Il est facile de voir combien cette théorie, si on l'admet, l'emporte sur les autres par la simplicité pratique : Point n'est besoin, pour le demandeur dont le *sacramentum* a été jugé *justum*, d'avoir, de nouveau, recours à l'autorité du prêteur, afin d'obtenir restitution de la chose. Cette restitution, le possesseur la fera spontanément et de bonne grâce, car il aura à cœur de sauvegarder ses *prædes*. Si, par une déloyauté bien invraisemblable, il préfère trahir ses garants, le demandeur sera amplement dédommagé : les *prædes* deviendront sa chose ; il pourra, sans formalités, les vendre à son profit, et appréhender leurs biens.

Pas besoin, non plus, de *litis æstimatio*, ni d'aucune procédure tortueuse et languissante, peu propre à ces temps antiques. Comment expliquerait-on, en effet, que le demandeur se soumît aux longueurs et aux incertitudes d'une estimation judiciaire, quand il a, dans la vente des *prædes*, un moyen si simple de recevoir mieux et plus que ce qui lui est dû ?

Il nous reste à voir si cette opinion, que le bon sens admet, cadre avec les textes.

Elle n'est que le développement du § 16, l. IV de Gaius :

« *Postea prætor secundum alterum eorum vindicias dicebat, id est, interim, aliquem possessorem constituebat, eumque jubebat prædes adversario dare litis et vindiciarum, id est rei et fructuum* ».

Cela ne revient-il pas à dire : Le préteur ménage les droits des deux parties. Il remet à l'un, les *vindiciæ*, dans la pensée qu'il est le véritable propriétaire, mais il lui ordonne en même temps de fournir des *prædes* à son adversaire, afin qn'en cas d'erreur, ce dernier soit dédommagé ?

On nous opposera peut-être le mot *interim*, qui semble contredire l'idée d'une mise en possession définitive. Mais nous avons déjà répondu que ce mot s'explique fort bien dans le texte de Gaius par la raison qu'en fait, celui qui avait reçu la possession par les *vindiciæ*, restituait spontanément la chose à son adversaire, en cas de perte du procès devant le *judex*, de sorte que cette mise en possession, bien que définitive en droit, restait, pratiquement, subordonnée à la sentence, et était par conséquent, intérimaire.

Un autre texte de Gaius, celui que nous avons opposé à l'opinion de Keller, vient encore confirmer notre théorie : c'est le § 48, IV, qui, expliquant la *condemnatio* sous la procédure formulaire, dit :

« *Judex non ipsam rem condemnat eum cum quo actum est, sicut olim fieri solebat, sed æstimata re pecuniam eum condemnat* ».

C'est ce texte qui a donné lieu aux nombreux systèmes que nous avons déjà cités et d'après lesquels, sous le *sacramentum*, l'exécution se faisait sur le possesseur lui-même. Les auteurs de ces systèmes nous semblent avoir confondu ici deux mots de sens bien différents : *condamnation, exécution*. La *condamnation* c'est ce qu'il est ordonné au perdant de faire, pour éviter l'exécution. L'*exécution*, c'est l'acte d'autorité, fait au profit du gagnant, soit par la force publique, soit par le gagnant lui-même, pour le dédommager du préjudice que le perdant lui cause, en ne lui faisant pas volontairement ce à quoi il a été condamné. La procédure moderne ne confond point ces deux choses. On distingue, dans les jugements, le dispositif et la formule exécutoire. Le dispositif con-

tient la condamnation ; la formule exécutoire contient
la menace d'exécution.

Appliquons ces idées au texte de Gaius. Nous remarquerons d'abord que Gaius a pris ici le mot *condemnatio*
dans un sens assez large. En réalité, le juge ne *condamnait* pas le possesseur. Il constatait seulement que son
sacramentum était *injustum*. Mais nous savons qu'on en
déduisait, avec une logique évidente, que le possesseur
n'était pas vraiment propriétaire, et que ses *prædes*
étaient par conséquent tenus. Il résultait donc, de la sentence du juge, que le possesseur devait *rendre la chose
même*, pour éviter la vente de ses *prædes*. En d'autres
termes, il était *condamné à rendre la chose*.

Il nous reste un troisième texte à examiner au point
de vue de notre théorie : c'est le texte déjà cité des
XII Tables :

« *Si vindiciam falsam tulit, si velit is..... tor arbitros
tris dato, eorum arbitrio..... fructus duplione damnum
decidito* ».

Nous avons déjà remarqué que ce texte, ne s'appli-
quant qu'aux fruits, laisse intacte la question de savoir
comment s'opérait la restitution de la chose. Il nous
permet donc de maintenir que le possesseur condamné
devait rendre la chose même pour éviter la vente de ses
prædes. Mais pour les fruits, que dirons-nous ?

Nous croyons que ce texte fut une innovation de la loi
des XII Tables et, peut-être, un premier acheminement

vers l'estimation qui caractérisa plus tard la procédure
formulaire.

Il est probable, en effet, qu'à l'origine le possesseur
vaincu fut tenu, pour éviter l'exécution sur ses *prædes*,
de rendre la chose et les fruits. Or, on sait combien
étaient strictes les obligations à cette époque. Si le possesseur ne rendait pas la chose entière, ou s'il la rendait
détériorée, les *prædes* étaient tenus. Les *prædes* étaient
donc responsables du dol, de la faute, et même du cas
fortuit. La preuve en est dans un fragment de Paul,
loi 40, de H. P., qui nous apprend que plus tard, sous
la procédure formulaire, ou peut-être sous la procédure
per sponsionem, Proculus et Cassius discutaient encore
sur le point de savoir si le possesseur était responsable
des cas fortuits jusqu'à la fin du procès.

Cette règle, déjà dure en ce qui concernait la chose,
l'était plus encore pour les fruits. Pour les fruits, en
effet, la négligence du possesseur est plus excusable, les
cas fortuits sont plus fréquents. C'est pourquoi, sous le
droit classique, on admit que les fruits devenaient la
propriété du possesseur de bonne foi. Une même raison
d'équité conduisit sans doute la loi des XII tables à admettre que le possesseur put remplacer, par leur valeur
au double, les fruits qu'il ne pourrait pas rendre. Elle
lui laissa d'ailleurs le choix entre le paiement de cette
estimation, ou l'exécution de ses *prædes*. De là le *si velit
is* qui se rapporte très vraisemblablement à la même
personne que : *si... tulit*. Cela se conçoit d'ailleurs, et

cadre fort bien avec notre système : la restitution de la
chose et des fruits devait être spontanée de la part du
possesseur, puisque sa possession, émanant de l'autorité du préteur, était inviolable et définitive. On ne pouvait pas plus le forcer à accepter un arbitrage sur la
valeur des fruits, qu'on ne pouvait le forcer à restituer
les fruits eux-mêmes. Il fallait, pour que cet arbitrage
eût lieu, que le possesseur préférât la restitution de la
chose et le paiement des fruits au double, à l'exécution
sur ses *prædes*.

Nous avons ainsi examiné ce qu'il est possible de savoir sur les *prædes litis et vindiciarum*. Si notre théorie
est vraie, on voit quelle importance considérable avait
cette caution sous la procédure du *sacramentum in rem*.
Par elle seule, le droit du demandeur était assuré. Elle
seule permettait l'exécution, en cas de refus ou d'impossibilité de restitution de la part du défendeur. Elle était
le lien unique et nécessaire entre l'expression du droit
et la sanction qui devait le protéger.

CHAPITRE II

DE LA CAUTIO PRO PRÆDE LITIS ET VINDICIARUM.

Dans le chapitre qui précède, nous avons donné un court aperçu du *sacramentum in rem*.

Un moment vint où les Romains comprirent tous les inconvénients pratiques que présentait cette vieille procédure, avec ses formules rigides, et tout cet attirail gênant de cautions si barbarement tenues.

La loi OEbutia, qui organisa la procédure formulaire, permit de remédier au mal. On sait que l'innovation principale introduite par cette loi, consistait en ce que les *solemnia verba*, prononcés jadis par les parties, furent désormais dévolus au préteur chargé, dans une formule rédigée avec soin, de tracer la mission du juge.

Pour arriver à l'édition de cette formule, on eut, en beaucoup de cas, recours à un procédé connu à Rome depuis une haute antiquité : la *sponsio*. Chacune des deux parties, en se présentant devant le préteur, promit de payer, si elle avait tort, telle somme à son adversaire. C'est sur cette promesse, accompagnée souvent de satisdations, que le préteur rédigeait sa formule.

Ce même moyen fut mis en usage pour transformer l'ancienne procédure de revendication. On recourut

4

ici encore à la *sponsio*, pour remplacer les *prædes sacramenti*.

Gaius (IV, 93 et 94), nous en donne clairement la formule et les règles :

« 93. — *Per sponsionem vero hoc modo agimus : provocamus adversarium tali sponsione : Si homo quo de agitur ex jure quiritium meus est, sestertios XXV nummos dare spondes? Deinde formulam edimus qua intendimus sponsionis summam nobis dari oportere ; qua formula ita demum vincimus, si probaverimus rem nostram esse.*

« 94. — *Non tamen hæc summa sponsiones exigitur, non enim pænalis est, sed præjudicialis, et propter hoc solum fit ut per eam de re judicetur ; unde etiam is cum quo agitur, non restipulatur..... ».*

Ainsi, au temps de Gaius, la *sponsio* qui remplace les *prædes sacramenti* est simplement préjudicielle, et n'a d'autre but que de permettre l'édition d'une formule sur laquelle le *judex* rendra sa sentence.

Il est très vraisemblable qu'à l'origine de la procédure *per sponsionem*, il n'en fut pas ainsi, et que ses règles durent d'abord se rapprocher davantage de celles du *sacramentum in rem*. De même que, sous le *sacramentum*, les deux adversaires fournissaient des *prædes sacramenti*, de même, sous la procédure *per sponsionem*, ils durent fournir chacun une *sponsio* qui fut vraiment due en cas de perte du procès, et qui par conséquent fut bien vraiment pénale (1).

_____

(1) Nous admettons ici le même système que Keller (*V. Traité des actions,*

Une *sponsio* remplaça aussi les *prædes litis et vindicia-rum*. Comme eux, elle promit au demandeur la restitu-tion de la chose et des fruits, en cas de gain du procès. Fournie par le possesseur, elle était garantie par des cautions appelées *sponsores*, qui s'engageaient, dans les mêmes termes, à la même chose que le débiteur princi-pal. En souvenir de l'ancien procédé auquel ce moyen nouveau succéda, cette *sponsio*, accompagnée de ses *sponsores*, reçut le nom de *cautio pro præde litis et vin-diciarum*.

Gaius, IV, 94 :

« ... *Ideo autem appellata est pro præde litis vindicia-rum stipulatio, quia in locum prædium successit, qui olim, cum lege agebatur, pro lite et vindiciis, id est pro re et fructibus, a possessore petitori dabantur* ».

Tel fut, dans ses lignes générales, le système plus mo-derne dû à l'innovation du préteur.

Voyons rapidement quelles principales différences il présente avec l'*actio sacramenti* :

1° *In jure*. — Les deux parties se rendent devant le magistrat ; là, plus de formes solennelles, plus d'ap-préhension de la chose, ni de simulacre de lutte, plus

trad. Capmas, § XXV). — D'après plusieurs auteurs, entr'autres Stintzing (ub. d. Verhœlt. d. L' A° Sacre, z. dem. Verfahr. durch spons. præjud., p. 60), la *formula petitoria* remplaça immédiatement le *sacramentum*, et, même avant la loi Œbutia, la *sponsio* put être utilisée par les plaideurs dans les questions de revendication, lorsque ceux-ci s'entendaient pour donner pour objet au procès le montant d'une *sponsio*. Nous n'entrons pas dans le détail de cette controverse, le but principal de notre étude étant la *cautio pro præde*, sur les règles de laquelle cette discussion ne peut avoir d'influence.

de *mittite ambo*, plus de termes inviolables. Le préteur se contente de réclamer des deux adversaires une *sponsio*, par laquelle chacun d'eux s'oblige à payer à l'autre une certaine somme en cas de perte du procès. En outre, il exige du possesseur une *cautio pro præde*, qui garantisse au demandeur triomphant la restitution de la chose.

On voit comme s'atténue peu à peu l'importance de la procédure *in jure*. A l'origine, elle occupait tout le procès ; les *vindiciæ* étaient irrévocables. Puis, une seconde instance s'est superposée à la première ; les *vindiciæ* n'ont plus été qu'intérimaires. Les solennités, symbole du temps passé, subsistaient encore. Elles disparaissent. Bientôt, les choses se simplifieront davantage ; au temps de Gaius, la *sponsio* ne sera plus que préjudicielle ; une seule des parties la prononcera ; la *summa sponsionis* ne sera pas due ; elle n'aura d'autre effet que de permettre l'édition d'une formule, où le magistrat, loin de régler lui-même définitivement les choses, s'en remettra au juge du soin de décider du gain du procès. Ainsi, dans le dernier état de la procédure *per sponsionem*, il ne restera plus d'important, dans la partie ancienne de la phase *in jure*, que la *cautio pro præde litis et vindiciarum*.

2 *In judicio*. — Ici, la procédure se modifie moins vite. Une *sponsio* remplace, il est vrai, les *prædes sacramenti* ; mais elle a le même but qu'eux : relier les deux instances, de sorte que, longtemps encore, le juge, ou

lieu de connaître de la nature même du litige qui amène les parties devant lui, devra statuer uniquement sur la *summa sponsionis*.

Gaius, IV, 93 :

« *Deinde formulam edimus, qua intendimus sponsionis summam nobis dari oportere.*

Et alors, se pose la même question qui nous a si longtemps retenu lorsque nous parlions des *prædes litis et vindiciarium* ».

Si le juge rendait sa sentence sur la *summa sponsionis* et non sur la chose même, comment se faisait l'exécution, sous la procédure *per sponsionem* ?

Nous espérons prouver que l'exécution ne pouvait se faire que par la *cautio pro præde*, comme nous avons prouvé déjà qu'au temps du *sacramentum*, elle se faisait par les *prædes*.

Mais cette question concerne le but de la *cautio pro præde litis et vindiciarum*. Avant de savoir à quoi elle sert, il vaut mieux essayer de la connaître elle-même. Quand nous saurons sa forme, sa nature intime, nous ne serons pas loin de trouver sa raison d'être. En tous cas, nous serons plus à même, alors, de montrer qu'en lui assignant le même but qu'aux *prædes litis et vindiciarum*, nous n'obéissons pas seulement à l'attrait d'une vaine symétrie.

§ 1. — *Formule de la cautio pro præde l. et v.*

Quelle fut la formule de la *cautio pro præde* ?

Si nous n'avions, pour nous guider ici, que les textes du Digeste dans leur teneur actuelle, nous aurions bien de la peine à résoudre cette question. En effet, il semble au premier abord que nous ne possédons, sur la *cautio pro præde*, que les renseignements contenus aux §§ 89 et 94, livre IV, de Gaius.

Heureusement, il n'en est rien. M. Lenel, dans son admirable ouvrage sur l'édit du préteur (*Das Edictum Prætoris*, § 281) a démontré victorieusement que le Digeste contient beaucoup de fragments interpolés, qui semblent à tort se rapporter à la *cautio judicatum solvi*, et qui, dans l'idée de leurs auteurs, et dans leur texte primitif, avaient trait, en réalité, à la *cautio pro præde litis et vindiciarum.*

Il ne sera pas inutile de résumer ici les développements de l'ingénieux critique :

M. Lenel a remarqué, d'abord, que tous les fragments d'Ulpien qui, dans le Digeste, semblent consacrés à la *cautio judicatum solvi*, sont intitulés de la façon suivante : « Ulpien, lib. 77, *ad Edictum* », ou : « Ulpien, lib. 78, *ad Edictum* ».

Or, il n'est pas possible qu'Ulpien, dans son ouvrage *ad Edictum*, ait passé sous silence la *cautio pro præde*. S'il en a parlé, c'était sans doute immédiatement avant d'aborder les règles de la *cautio judicatum solvi*. Il y a donc lieu de supposer que son livre 77, *ad Edictum* concernait la *cautio pro præde*, et que le livre suivant concernait la *cautio judicatum solvi* (1).

Le fr. 6, J. S. au Digeste, fortifie singulièrement la présomption de Lenel. Le voici :

J. S. — fr. 6 (Ulp. l. 78, *ad Edictum*) :

« *Judicatum solvi stipulatio tres clausulas in unum collatas habet : de re judicata, de re defendenda, de dolo malo* ».

Ne semble-t-il pas lire là une phrase de début? Si, dans le livre 77, Ulpien avait déjà parlé de la *cautio judicatum solvi*, ne serait-il pas étrange de le voir nous donner sur elle cette disposition générale au livre 78 ?

On peut donc conclure, avec M. Lenel, que le livre 77 est consacré exclusivement à la *cautio pro præde litis et vindiciarum*.

Or, on trouve au Digeste, J. S., fr. 5, un long passage d'Ulpien, intitulé précisément 77, *ad Edictum*, où l'on remarque les mots suivants :

§ 2. — *In hac stipulatione, quia plures causæ sunt una quantitate conclusæ, si committeretur statim stipulatio ex uno casu, amplius ex alio committi non potest.*

§ 3. — ..... *Committetur ista stipulatio ob rem non defensam.*

---

(1) Rudorff, E. P. § 296, est d'un autre avis. Il croit que chacun des deux livres traite en même temps des deux cautions : ce n'est guère admissible.

§ 4. — .... *Placuit, ob rem judicatam stipulationem non committi.* .

Ainsi, dans un seul fragment, nous trouvons déjà l'indication :

1° Qu'une clause, *ob rem judicatam*, figurait dans la *cautio pro præde* ;

2° Qu'une seconde clause, *ob rem non defensam*, y figurait aussi ;

3° Qu'on y trouvait au moins une troisième clause, car l'emploi du mot *plures* indique qu'il y en avait certainement plus de deux ;

4° Que les clauses diverses de la caution se terminaient *una quantitate.*

Revoyons en détail ces différentes questions, et tâchons de reconstituer les diverses clauses :

1°. — Clause *ob rem judicatam.*

M. Lenel croit trouver la partie essentielle de la clause *ob rem judicatam*, dans un passage de Celsus, fr. 158 de *Verb. Sign.*

Item in stipulando, satis habemus de herede cavere. « *Si ea res secundum me heredemve meum judicata erit* »; *et rursus.* « *Quod ob eam rem te heredemve tuum* ».

Celsus nommait sans doute la stipulation dont il parle. Si les compilateurs ont supprimé ce mot, cela montre que nous avons affaire ici à une stipulation qui n'était plus employée sous Justinien. De plus, la formule même de Celsus semble bien concorder, par ses termes, avec la manière dont nous savons que le juge rendait sa sentence sur la *sponsio.*

Mais Celsus ne donne pas là, toute la clause. Il semble résulter d'un fragment d'Ulpien, qu'elle contenait au début l'indication du juge auquel devait être déféré le procès.

Ulp. 77, fr. 3, pr. J. S.

« *Si quis apud aliquem judicem iturus stipulatus est* judicatum solvi (lisez : *pro præde litis et vindiciarum) et agit apud alterum, non committitur stipulatio, quia non hujus judicis sententiæ* fidejussores (lisez : *sponsores) se subdiderunt.* »

Quand un juge unique figurait dans le procès, on ajoutait d'ordinaire :

« *Quive in locum ejus susbtitutus erit* », comme nous l'indique le fr. 20 (46, 7).

De sorte que la clause était, jusqu'ici, ainsi conçue :

« *Si ea res qua de agitur, a L. Titio judice, quive in locum ejus substitutus erit, secundum me heredemve meum judicata erit* ».

Il est probable qu'ensuite était indiquée la faculté de restitution. Gaius nous apprend, en effet, que cette faculté de restitution existait aussi bien dans la procédure *per sponsionem* que dans la procédure *per formulam* :

Gaius, IV, 89.

« *Æquum... visum est (te)... cavere, ut si victus sis, nec rem ipsam restituas, nec litis æstimationem sufferas, sit mihi potestas ant tecum agendi, ant cum sponsoribus tuis.* »

Or, on ne voit point où cette faculté de restitution aurait pu avoir mieux sa place que dans la *cautio pro præde*,

On a donc :

« *Neque ea res arbitratu L. Titii restituetur* ».

Ce n'est pas tout, et notre première clause n'est pas complète ainsi.

Nous avons vu que la loi des XII Tables permettait au possesseur qui ne pouvait pas rendre les fruits de libérer ses *prædes* en payant la valeur des fruits au double.

A l'époque classique, ce principe se précise et se fortifie.

Paul, *Sent.* 1, 13 b, § 8 .

« *Possessor hereditatis, qui ex ea fructus capere vel possidere neglexit, duplam eorum æstimationem præstare cogetur* ».

Paul, *Sent.* V, 9, § 1 :

« *Substitutus heres ab instituto, qui sub condicione scriptus est, utiliter sibi institutum hac stipulatione cavere compellit,* ne *petita bonorum possessione* res hereditarias deminuat, *hoc enim casu..... duplos fructus..... præstare compellitur* ».

Ce dernier fragment se rapporte certainement à la stipulation *pro præde*. La preuve en est dans un fragment d'Ulpien (12, 2, 8), qui envisage la même espèce, et qui est intitulé **77**, *ad edictum.*

La clause *ob rem judicatam* prévoyait donc certainement le cas où la restitution serait impossible.

Toutes ces observations nous amènent à croire qu'elle pouvait avoir à peu près la formule suivante :

« *Si ea res, qua de agitur secundum me heredemve meum judicata erit, neque ea res, quodque ob eam rem, si quid deinde deperierit deminutum erit te heredemve tuum (fructuum nomine dari oportet) arbitratu L. Titii restituetur.*

2°. — Clause *ob rem non defensam.*

Il semble résulter d'un passage d'Ulpien (77, fr. 5, § 3, J. S) combiné avec un passage de Paul (S.-V, 9, § 2, que cette clause énumérait les diverses personnes par qui et contre qui la défense devait être prise, de sorte qu'elle pouvait être ainsi formulée :

« *Sive ea res a te, herede cognitore procuratore sponsoribus tuis adversus me, heredem, cognitorem, procuratorem meum boni viri arbitratu defensa non erit* ».

3°. — Quelles autres clauses pouvaient exister en outre des deux précédentes ? Il y en avait au moins une, puisque Ulpien (77, fr. 5, § 2, 46, 7) nous apprend que la *stipulatio pro pæde* contenait *plures causæ.* — Il est difficile de croire qu'il ait pu en exister une autre que la clause *de dolo malo.* C'est sans doute à cette clause que fait allusion le fragment suivant :

D. fr. 38, § 13, 45, 1.

« *Si quis dolum malum promissoris heredisque ejus abesse velit, sufficere abesse, afuturumque esse stipulari : Si vero de plurium dolo cavere velit, necessarium esse ad-*

jici: Cui rei dolus malus non abest non afuerit, quanti ea res erit, tantam pecuniam dari spondes? »

4°. — Le fragment que nous venons de citer contient en même temps la *una quantitas* dont parle Upien (77, fr. 5, § 2, h. t.) et qui sans doute terminait la formule de notre caution.

Nous arrivons donc ainsi à la reconstituer tout entière, de la façon suivante :

« *Si ea res qua de agitur a L. Titio judice quive in locum ejus substitutus erit, secundum me heredemve meum judicata erit, neque ea res, quodque ob eam rem si quid deinde deperierit deminutum erit, te heremve tuum (fructuum nomine dore oportet) arbitratu L. Titii (mihi heredive meo) restituetur, sive ea res a te herede cognitore sponsoribus tuis adversus me heredem cognitorem procuratorem meum boni viri arbitratu defensa non erit, cuive rei dolus malus non abest non afuerit, quanti ea res erit, tantam pecuniam dari spondes? Spondeo* (1) ».

---

(1) Nous répétons que nous n'avons fait que résumer ici, les savantes recherches de M. Lenel (*das Ed. Præt.* § 281). Avant lui, d'autres savants (Rudorff, E. P. § 296, Jordan, *de præd.* p. 62) avaient essayé de reconstituer la formule de cette caution. Le travail de M. Lenel, fondé sur des données beaucoup plus scientifiques, nous paraît être celui de tous qui mérite le plus de créance. Nous acceptons donc sa formule. D'ailleurs, si elle contient peut-être des erreurs de détail, elle s'accorde sur tous les points essentiels avec les formules antérieurement proposées. Rudorff et Jordan admettent, eux aussi, que la *stipulatio pro præde* contenait les trois clauses que nous avons passées en revue. Un pareil accord entre ces trois savants a lieu de nous rassurer sur le sens général de la formule de notre caution.

§ 2. — *Règles de la cautio pro præde litis et vindiciarum.*

De cette formule ainsi reconstituée, nous pouvons aisément conclure quelles étaient les règles de la *cautio pro præde*, et en quoi elle différait de la *cautio* antérieure des *prædes*.

1° Dans l'*actio sacramenti*, les *prædes litis et vindiciarum* étaient seuls obligés ; le possesseur n'était pas directement tenu vis-à-vis de son adversaire. Le possesseur, en effet, n'avait contracté aucun engagement personnel. Il s'était contenté de fournir des *prædes*.

Dans l'*actio per sponsionem*, la *stipulatio pro præde* engage le possesseur lui-même. C'est lui qui contracte, et qui dit le premier : *Spondeo*. Les *sponsores* interviennent seulement pour fortifier sa promesse. En cas de non restitution, le demandeur aura donc une action directe et immédiate contre le possesseur récalcitrant. C'est un avantage pour le demandeur ; mais c'en est un aussi pour le défendeur, car, au cas où la restitution est devenue impossible, il peut désormais libérer ses cautions en payant le *quanti ea res est*. C'est pourquoi on peut dire avec Gaius (IV, 94) qu'il n'est plus condamné *ad ipsam rem*.

2° Dans l'*actio sacramenti*, les *prædes litis et vindiciarum* s'engageaient par un seul mot : *Præs*. Nous avons vu qu'en effet leur responsabilité n'était point limitée à une somme précise : tous leurs biens, leur personne même, répondaient de la non-restitution de la chose et des fruits.

Dans l'*actio per sponsionem*, une formule précise et détaillée caractérise l'engagement du *sponsor*, et le maintient dans les termes mêmes de l'engagement du débiteur principal. Sa responsabilité ne dépasse pas la valeur du litige. Tout au plus devra-t-il les fruits au double, par un vieux souvenir du temps où la loi des XII Tables autorisait le *præs*, au lieu de se laisser vendre, à payer le double des fruits, lorsqu'ils ne pouvaient plus être restitués en nature ; chose curieuse, et qui prouve l'adoucissement des lois : ce qui était jadis une faveur est devenu une sévérité !

3° Enfin une troisième différence entre la *præs* et la *cautio pro præde* apparaît comme une conséquence, un corollaire de la seconde.

Le *præs*, engagé *ad infinitum*, peut être vendu sans formalités de justice, dès qu'on sait que sa responsabilité est ouverte.

Au contraire, il faudra déterminer en argent le montant de la responsabilité du *sponsor*, car le *sponsor*, lui, n'est tenu que jusqu'au « *quanti ea res est* ». Cette détermination se fera au moyen d'une nouvelle instance, qui, engagée en vertu de la *stipulatio pro præde*, s'appellera *actio ex stipulatu*. Dans cette instance, on estimera la valeur du litige, et cette estimation apprendra le « *idem* » auquel est tenu le *sponsor*.

Remarquons en passant que cette estimation n'a pas

le moindre rapport d'origine avec la *litis æstimatio* proposée par Keller, et que, pour notre part, nous avons refusé d'admettre.

D'après Keller, en effet, la *litis æstimatio* serait une suite directe, ou même, pour parler plus exactement, une partie intégrante de l'action en revendication elle-même. Au contraire, la *litis æstimatio* dont nous parlons procède, non pas à proprement parler de l'action en revendication, mais de l'action *ex stipulatu* qui en est la suite.

Il en résulte que notre *litis æstimatio* n'est pas possible dans l'*actio sacramenti*, et ne peut se concevoir que dans l'*actio per sponsionem*, tandis que Keller l'admet pour les deux sortes de revendications.

§ 3. — *But de la cautio pro præde litis et vindiciarum.*

Nous pouvons désormais revenir à la grande question qui dirige toute notre étude.

Nous avons vu les différences principales entre la *præs* et la *cautio pro præde*.

De ces différences, pouvons-nous conclure que la *cautio pro præde* était inhabile à atteindre le but que nous avons assigné à la *præs*? En d'autres termes, la *cautio pro præde* était-elle pour le demandeur, une garantie insuffisante d'exécution?

Absolument pas. Nous croyons pouvoir prouver,

au contraire, que la *cautio pro præde* était un moyen
d'exécution plus complet, plus parfait que la caution des
prædes.

Les *prædes*, en effet, offraient des inconvénients dus à
leur antique origine, et qui, chaque jour, devaient deve-
nir plus sensibles. Leur sévère responsabilité provenait
d'une idée de vengeance peu compatible avec les progrès du droit et des mœurs. En équité, que doit obtenir
le plaideur ? Ce qui lui est dû, soit en nature, soit en valeur. Bien mieux que les *prædes*, la *cautio pro præde* as-
surait au demandeur ce résultat nécessaire, mais suffisant. Le *sponsor* s'engageait *quanti ea res erit* et son
engagement prévoyait toutes les issues possibles du
procès. Si le possesseur ne défendait pas à l'instance, si
sa *sponsio* était jugée injuste, si un dol quelconque était
commis, si le défendeur vaincu ne pouvait ou ne voulait
restituer, le demandeur avait toujours la certitude d'être
complètement indemnisé. Bien plus, à la différence de
ce qui se passait auparavant, sous l'*actio sacramenti*, il
avait le choix d'agir, pour obtenir réparation entière,
soit contre le défendeur, soit contre sa caution.

Donc, il n'est pas contraire au bon sens de dire que,
sous la procédure *per sponsionem*, la *cautio pro præde*
fut le seul moyen de permettre l'exécution.

Reste à voir si c'est, ou non, conforme à la vérité :
Nous croyons que oui.

En faveur de cette solution, nous pouvons invoquer
d'abord une des raisons, et pas des moins importantes

qui ont dirigé notre avis relativement aux *prædes litis et vindiciarum*. Comme dans le *sacramentum in rem*, le *judex*, dans *l'actio per sponsionem*, ne juge pas sur la chose en litige ; il ne règle pas le sort de cette chose ; il ne condamne pas le possesseur ; il prononce sur la *summa sponsionis*. Pourquoi, dès lors, ne pas admettre que la *pronuntiatio* du juge intervient ici simplement comme la *condition* à laquelle sera soumise la validité de la stipulation *pro præde*, absolument comme, sous le *sacramentum in rem*, la sentence sur la *summa saeramenti* était la condition d'où dépendait la responsabilité des *præedes* ?

Gaius lui-même nous indique clairement que les choses ne pouvaient pas se passer d'autre sorte : la *stipulatio pro præde*, nous dit-il, *in locum prædium successit*. Ne devons-nous pas conclure que la *cautio pro præde* eut le même but que les *præedes*, si elle prit leur place, et leur nom ?

On peut faire mieux encore : au lieu de déterminer le but de la *cautio des præedes* par un argument d'analogie, lisons attentivement Gaius. Nous verrons que la disposition même de son texte nous force, pour ainsi dire, à donner à la caution *pro præde litis et vindiciarum*, le rôle que nous lui assignons :

Gaius, IV, 94 :

« *Non tamen hæc summa sponsionis exigitur, non enim pænalis est, sed præjudicialis, et propter hoc solum fit ut per eam de re judicetur ; unde etiam is cum quo agitur,*

5

non restipulatur. Ideo autem appellata est pro præde litis vindiciarum stipulatio, quia in locum prædium successit qui olim, cum lege agebatur, pro lite et vindiciis, id est, pro re et fructibus, a possessore petitori dabantur ».

Dans tout ce fragment, il n'y a pas la moindre lacune de texte. Or, n'est-il pas étrange de voir Gaius, qui s'occupe d'abord de la *sponsio præjudicialis*, abandonner tout à coup ce sujet pour venir nous donner un petit renseignement historique sur la *cautio pro præde litis et vindiciarum* ?

A notre sens, ce manque de suite dans les idées n'est qu'apparent, et tout le fragment peut s'expliquer de la façon suivante (1) :

La *summa sponsionis* n'est pas exigée. Elle ne profite donc pas au gagnant, pas plus que ne lui profitait autrefois la *summa sacramenti*. C'est pourquoi le possesseur est tenu de lui fournir caution qu'il restituera la chose en cas de perte du procès, comme autrefois il lui fournissait des *prædes* en gage de restitution.

Ainsi comprises, les paroles de Gaius gagnent en logique et en clarté, et elles nous fournissent la preuve directe que, sous la procédure *per sponsionem*, l'exécution n'était possible que par la *cautio pro præde*.

A cette argumentation, les partisans du système de Keller, sur la *litis æstimatio* présentée comme moyen spécial et unique d'exécution, pourraient peut-être opposer un autre texte de Gaius.

(1) V. Jordan, *l. cit.*, p. 64.

C'est le § 89, loi IV :

Igitur si verbi gratia in rem tecum agam, satis mihi dare debes : æquum enim visum est te.... cum satisdatione cavere, ut si victus sis, nec rem ipsam restituas, nec litis æstimationem sufferas, *sit mihi potestas aut tecum agendi aut cum sponsoribus tuis.*

Nous devons reconnaître que ces mots : *nec litis æstimationem sufferas,* auraient peine à s'appliquer à l'estimation, qui, comme nous l'avons déjà dit, dépendait de l'action *ex stipulatu* intentée, dans la procédure *per sponsionem,* contre la caution du possesseur, ou contre le possesseur lui-même, lorsque ce dernier refusait de restituer l'objet même du litige. En effet, Gaius semblerait vouloir parler ici d'une *æstimatio* antérieure à la poursuite *ex stipulatu.*

Faudra-t-il conclure de là qu'il s'agit d'une *litis æstimatio* inhérente à la revendication même, et telle que Keller l'entend ?

Nous ne l'admettons point.

D'abord, il est possible que, dans ce fragment, Gaius ait seulement en vue la *cautio judicatum solvi :* Or, tout le monde sait que, dans la procédure formulaire, il y avait lieu à *litis æstimatio,* même en dehors de l'action *ex stipulatu.* Ensuite, et en admettant même que Gaius ait eu en vue la *cautio pro præde* en même temps que la *cautio judicatum solvi,* on peut fort bien admettre que les mots *nec rem restituas* se rapportent à la première, et que les mots *nec litis æstimationem sufferas* se rapportent seulement à la seconde de ces deux cautions.

Notre opinion n'est donc point atteinte par ce passage de Gaius.

D'ailleurs, si elle avait besoin d'être fortifiée, l'avis favorable des jurisconsultes pourrait y suffire ; en effet, par une curieuse anomalie, la plupart des savants se rallient à notre doctrine en ce qui concerne la procédure *per sponsionem*, même parmi ceux qui sont allés chercher les systèmes les plus fantaisistes pour expliquer l'exécution sous le *sacramentum*. C'est ainsi que Stinzing (1), Huschke (2), Mayer (3), Rudorff (4), admettent avec nous que, sous la procédure *pers ponsionem*, au cas où le défendeur ne pouvait ou ne voulait restituer la chose elle-même, l'exécution n'était possible que par la *cautio pro præde litis et vindiciarum*.

Nous conclurons donc que le remplacement du *sacramentum* par la procédure *per sponsionem* n'amena pas d'autres changements que ceux qui étaient inhérents à la nature même des moyens employés : la *sponsio* n'avait pas la même nature juridique que la *præs*. De leurs différences naquirent les progrès que nous avons signalés : mais là, se borna l'innovation. Il n'y eut point de chan-

(1) Leg. act., p. 37.
(2) Gaius, p. 198.
(3) Ad Gaii institut., p. 69.
(4) Rechtsgesh, p. 135.

gements extrinsèques : la *sponsio præjudicialis* fut nécessaire pour lier l'instance, comme l'était autrefois la
summa sacramenti, et la *cautio pro præde* fut nécessaire
pour permettre l'exécution, comme l'étaient autrefois
les *prædes litis et vindiciarum*.

CHAPITRE III

Nous n'insisterons pas sur cette dernière partie de notre étude : nous nous trouvons ici en présence d'une matière parfaitement connue : nous ne l'examinerons qu'à sa naissance, et dans ses rapports avec ce qui l'a précédée.

L'origine de la *cautio judicatum solvi* se lie à la procédure de la formule pétitoire, comme la *cautio pro præde* se lie à la *sponsio præjudicialis*.

La loi Æbutia avait introduit depuis quelque temps déjà, le système formulaire dans l'usage des Romains. Cette innovation avait modifié les formes de la revendication, et le *sacramentum in rem* avait fait place à une *sponsio*, sur laquelle le préteur édictait une formule (1).

Le progrès ne s'arrête pas là ; bientôt, la *sponsio* fut supprimée, et la formule seule subsista. Le préteur la rédigeait à peu près ainsi :

Titius judex esto : si paret illam rem qua de agitur ex jure Quiritium Auli Agerii esse, neque eam Numerus Negidius aulo agerio arbitratu tuo restituet, quanti ea res erit

(1) V. note 1, p. 50.

Numerum Negidium Aulo Agerio condemnato, si non paret, absolvito (2). »

On voit à la seule lecture de cette formule, quels changements elle amena à la procédure de la revendication.

La *sponsio* n'existait plus : le juge n'avait donc plus à statuer sur elle. « L'examen et le jugement du droit litigieux, auxquels on n'arrivait auparavant que par voie détournée, savoir, par l'intermédiaire, anciennement, du *sacramentum*, plus tard, de la *sponsio* étaient maintenant l'objet propre et direct de la mission du juge (1) ».

Il en résultait une autre différence, sur l'importance de laquelle nous ne saurions trop insister.

Sous la procédure *per sponsionem*, comme sous la procédure *per sacramentum*, la *summa sponsionis*, comme la *summa sacramenti*, était un moyen détourné, un stratagème, ayant pour but de soumettre à l'examen plus éclairé et plus attentif d'un *judex* la question de propriété que, dans les temps primitifs, le magistrat, par les *vindiciæ*, avait commencé par régler définitivement. Ce détour de procédure, qui substituait à la question en litige une question toute différente, nécessitait un détour en sens inverse, pour revenir à la première question, et c'est là justement que l'emploi des *prædes*, ou de la *cautio pro præde*, était nécessaire. On passait par une suite de raisonnements qu'on pourrait formuler de la façon suivante :

1. Je dis que telle chose est mienne, et j'engage la

(1) V. Keller, *civ. proc.*, trad. Capmas, p. 115.

summa sacramenti (ou : *sponsionis*) sur cette affirmation.

2. Si donc telle chose n'est pas mienne, je perdrai la *summa*.

3. Mais si je perds la *summa,* mes *prædes* seront tenus (ou : mes *sponsores* et moi serons tenus).

4. En conséquence, si je ne restitue pas, mes *prædes* seront vendus (ou : mes *sponsores* et moi, nous serons poursuivis *ex stipulatu*).

La *formula petitoria* supprima tout ce long circuit. Dorénavant, le juge rendit sa sentence sur l'objet même du litige : Plus de *sponsio*, par conséquent, plus de *cautio pro præde*. On arriva ainsi à ce raisonnement beaucoup plus simple :

1. Je dis que telle chose est mienne.

2. Si elle n'est pas mienne, je devrai la restituer, sans quoi, le juge me condamnera à payer une somme d'argent, et mon adversaire aura contre moi l'action *judicati*.

Telle fut la grande innovation de la *formula petitoria.*

En dépit de ce changement, deux vestiges importants subsistèrent de l'ancienne procédure :

Le premier consista en ceci, que le juge, bien que statuant *sur la chose même*, ne put pas condamner à rendre la chose même. Par un souvenir inconscient et purement traditionnel, du temps, lointain déjà où le préteur fixait les *vindiciæ* d'une façon définitive, on permit au possesseur vaincu de conserver la possession. Le juge, désormais, le condamna bien *relativement à la chose*, mais il ne le condamna pas *à la chose*. La restitution lui fut seu-

lement permise, comme un moyen *volontaire* d'empêcher la condamnation. Mais si cette restitution, sur le
jussum du juge, n'était pas immédiatement faite, le juge
prononçait une condamnation pécuniaire, au paiement
de laquelle le condamné n'avait aucun moyen de se soustraire. En vain, il eut offert alors de restituer : l'action
judicati, qui sanctionnait la condamnation, avait pour
objet unique une somme d'argent.

Gaius, IV, 48 :

« *Judex non ipsam rem condemnat eum cum quo actum
est,... sed, æstimata re, pecuniam eum condemnat* ».

Ainsi l'*æstimatio,* qui, autrefois, sous la *sponsio præjudicialis,* ne concernait pas le juge de la *sponsio,* mais
qui faisait partie de l'*actio ex stipulatu,* basée sur la
cautio pro præde, fut désormais de la compétence du
premier juge.

Un second vestige de l'ancienne procédure consista
dans l'usage d'une caution qui, à l'instar de la *cautio pro
præde,* garantit au demandeur la restitution de la chose
en cas de gain du procès. On l'appela *cautio judicatum
solvi.*

Cette caution se composait d'une stipulation à laquelle étaient adjoints des *fidejussores.* En outre des
différences de rédaction qu'elle pouvait présenter avec
la *cautio pro præde,* différences sur lesquelles nous n'insisterons pas (1), elle offrait sur elle, au point de vue de
la responsabilité des garants eux-mêmes, tous les avan-

(1) V. Lenel, *das Ed. Præt.*, § 282.

tages, bien connus, de la *fidejussio* sur l'antique *sponsio*.

Seulement, comme désormais le demandeur, en vertu de la sentence même, avait une action directe, *judicati*, contre le possesseur vaincu, la caution *judicatum solvi*, à la différence de la *cautio pro præde*, n'eut plus qu'une importance secondaire.

Paul, *rec. sent.* V. 9, 3 :

« *Quoties judicatum solvi stipulatione satisdatur, omissa ejus actio rei judicatæ persecutionem non excludit* ».

Ainsi on put se passer de l'action *ex stipulatu* et agir, *judicati*, contre le possesseur récalcitrant.

L'action *ex stipulatu* forma donc avec l'action *judicati*, une sorte de doublet de procédure. Néanmoins, elle ne tomba pas immédiatement en désuétude ; ce qui la fit survivre, ce fut, en partie, l'habitude prise. Ce fut aussi parce qu'il parut équitable que le demandeur, privé pendant le procès de la possession, trouvât, dans cette caution, un second élément de garantie qui lui permit d'agir non seulement contre le défendeur perdant, mais contre ses cautions (Gaius, IV, 89).

Et comme cette raison d'équité pouvait s'appliquer à toutes sortes de procès, on étendit peu à peu l'usage de la *cautio judicatum solvi*, même en dehors des matières réelles (Gaius, IV, 102).

Mais alors une autre modification survint : Au III° siècle après J.-C., l'empereur Dioclétien étendit à toutes les actions la *cognitio extraordinaria*, qui s'était maintenue dans certains cas particuliers comme un vestige du temps où le magistrat réglait lui-même définitivement le procès. Dès lors, le *judex* fut supprimé. Il en résulta, pour les actions *in rem*, que le magistrat, jugeant l'affaire au fond, condamna le défendeur à rendre la chose même. Le procédé d'exécution par la caution *judicatum solvi* devint donc inutile, et l'on vit cette chose curieuse, que la *cautio judicatum solvi*, créée d'abord à l'usage exclusif de la revendication, cessa de lui être appliquée, tandis que jusqu'à Justinien, elle fut encore employée pour d'autres matières.

Inst. Just. l. IV, t. 11, pr. :

« *Satisdationum modus alius antiquitati placuit, alium novitas per usum amplexa est. Olim enim, si in rem agebatur, satisdare possessor compellebatur,* etc... »

Au temps de Justinien (Inst. l. IV, t. 11, l. 1) la *cautio judicatum solvi* n'est plus usitée que dans les cas où on plaide par représentants.

CONCLUSIONS

Nous avons terminé l'étude des origines du cautionnement judiciaire à Rome. Dans un but de clarté, nous avons cru devoir séparer nettement les différentes sortes de caution successivement employées. Mais nous croyons utile, de rappeler en terminant, qu'il n'y eut jamais, au point de vue chronologique, passage brusque et absolu d'une sorte de procédure à l'autre. Le *sacramentum*, avec son système de *prædes*, servit encore longtemps, dans certains cas, particulièrement devant le tribunal des centumvirs, après que la *sponsio præjudicialis* était déjà en usage, et la *sponsio* elle-même continua d'être employée, notamment dans les *hereditatis petitiones*, lorsque déjà florissait la formule pétitoire.

Cette légère remarque faite, si nous jetons maintenant un regard en arrière, sur le chemin parcouru, une chose surtout devra nous frapper : c'est qu'à chaque étape, la caution perd quelque chose de sa vigueur et de son importance :

Dans les *prædes*, elle est seule responsable de l'exécution.

Dans la *stipulatio pro præde*, elle peut ne pas être actionnée, et le débiteur principal peut l'être.

Dans la *stipulatio judicatum solvi*, elle ne peut être actionnée qu'après le débiteur principal, et une nouvelle action, plus récente, instituée contre ce dernier, rend souvent inutile sa garantie. Bientôt, elle ne s'emploie plus que dans des cas très rares, et, d'indispensable qu'elle était au début, elle devient l'exception.

Comment expliquer ces dégradations successives ? Elles viennent du progrès de la revendication même, de la simplification lente, mais continue de ses règles de procédure. Les Romains n'ont pas, du premier coup, découvert le moyen le plus pratique d'organiser l'*actio in rem*, ou plutôt, ils l'ont trouvé d'abord, mais des nécessités matérielles l'ayant fait abandonner, ils n'y sont revenus que par tâtonnements successifs. Nous avons vu la série des procédés successivement employés : le magistrat réglant lui-même, par les *vindiciæ*, la question de propriété d'une manière définitive ; puis l'affaire soumise à un juge qui statue d'abord à l'aide d'un stratagème, d'une fiction, avant de parvenir à statuer sur la chose même ; enfin, ce retour au point de départ, par l'extension à toutes matières de la *cognitio extraordinaria*, grâce à laquelle le magistrat, comme à l'origine, statue définitivement sur l'objet même du litige. A mesure que tous ces changements se font, la caution perd de plus en plus en importance, parce qu'elle devient de moins en moins nécessaire. Au dernier moment du droit, le demandeur n'aura plus besoin d'être garanti contre le danger de non-restitution, ni d'avoir recours à un moyen d'exécution contourné, puisque l'exécution pourra se faire sur la chose même : alors, le cautionnement judiciaire, n'ayant plus de raison d'être, cessera d'exister, au moins dans le sens où il avait servi d'abord.

BIBLIOGRAPHIE

Mommsen. — Stadtrechte von Salpenza und Malaca, d. Verhand
lungen d. Kgl. Sachs. Gesellsch. d. Wissensch.

Keller. — Der romische Civilprocess. (V. trad. Capmas).

Rudorff. — Romische Rechtsgeschichte, Leipz. 1859.

Wetzell. — Der Romische Vindications. Process.

Danz. — Der sacrale Schutz in rom. Rechtsverkehr.

Bachofen. — Nexum. — Pfandrecht.

Stinzing. — Krit. Zeitschr. — ub. d. Verhœlt. d. L⁰ A⁰, Sacro.
z. dem. Verfahr. durch spons. præjud.

Zimmermann. — De notione et historia cautionis prædibus prædiisque diss. inaug. Bérol, 1857.

Jordan. — De prædibus litis et vindiciarum dissert. inaug. Bérol,
1860.

Accarias. — Précis de Droit romain.

P. F. Girard. — Textes de Droit romain.

TABLE DES MATIÈRES

DROIT FRANÇAIS

DES CLAUSES D'IRRESPONSABILITÉ

DANS LE

CONTRAT DE TRANSPORT PAR TERRE & PAR MER

INTRODUCTION

Depuis une trentaine d'années, une question qui, juridiquement, n'embrasse qu'un champ assez restreint, mais dont la solution peut avoir en pratique un intérêt considérable, s'est présentée fréquemment dans la matière des transports : c'est la question de la validité des clauses d'irresponsabilité.

On sait qu'aux termes de l'article 1784 du Code civil, les voituriers par terre et par eau « sont responsables de la perte et des avaries des choses qui leur sont confiées, à moins qu'ils ne prouvent qu'elles ont été perdues et avariées par cas fortuit ou force majeure ».

L'article 216 du Code de commerce dit encore : « Tout propriétaire de navire est civilement responsable des

1

faits du capitaine, et tenu des engagements contractés par ce dernier (1), pour tout ce qui est relatif au navire et à l'expédition ».

Pendant longtemps, dans les transports, soit par terre, soit par mer, on se contenta de cette réglementation très générale. La lettre de voiture ou le connaissement contenait tout juste les clauses nécessaires : noms des parties, nature des marchandises, prix du transport. Pour le reste, on s'en fiait aux lois, et le transporteur trouvait naturel que, gardien des marchandises, il fut responsable pendant le trajet de tous les accidents qui pourraient leur survenir autrement que par cas fortuit.

Puis, peu à peu, à mesure que les progrès de la science et de l'industrie rendaient les transports plus prompts et plus faciles, des clauses furent introduites dans les lettres de voiture, pour limiter la responsabilité du voiturier. Le changement s'opéra par une série de transitions lentes : Le voiturier fit admettre d'abord qu'il ne serait pas responsable de la casse, de la rouille, ou du coulage ; puis le chef de transport se déchargea de la responsabilité des fautes de ses préposés ; enfin on en arriva aux clauses de non-garantie absolue, qui exonèrent le transporteur et ses préposés de la responsabilité de toute faute, quelle qu'elle soit.

En fait, il est facile de comprendre sous quelles influences et pour quelles raisons ce revirement a eu lieu : l'in-

---

(1) Ces mots : « et tenu des engagements contractés par ce dernier », ont été ajoutés au Code par la loi du 14 juin 1841.

vention de la vapeur et l'emploi des machines comme
agents de transport en a été, à peu près, l'unique cause.

Autrefois, en effet, quand les transports par terre se
faisaient à l'aide de chevaux, le voiturier pouvait supporter sans se plaindre la responsabilité dont le chargeait
la loi. La faiblesse de ses moyens d'action ne lui permettait de transporter que peu de marchandises, à de cour-
tes distances. Aidé d'une petite équipe, facile à surveiller, il commandait et dirigeait lui-même les diverses
opérations du transport : le chargement des marchandises, leur arrimage, leur déchargement, leur remise
aux mains du consignataire, tout se faisait sous ses yeux.
Il pouvait empêcher qu'on ne commît des fautes. Par-
tant, si l'on en faisait, il devait en subir les conséquences.

Il en était de même pour les transports par mer. Le chargement et le déchargement se faisaient à main d'homme.
L'équipage y suffisait. Le transporteur avait tout le temps
nécessaire pour bien faire sa besogne, et le navire n'était
pas si grand que le capitaine ne pût, durant les longs instants de loisir que lui laissait la traversée, jeter de temps
en temps un coup d'œil sur l'arrimage et voir comment
les marchandises se comportaient.

Un accident avait-il lieu, malgré les précautions prises
ou qu'on aurait pu prendre ? Le transporteur, même négligent, n'en était pas nécessairement responsable. A
une époque où l'homme était, plus qu'aujourd'hui, soumis à la fatalité des éléments, il était plus facile d'invo-

quer le cas fortuit ou la force majeure. Un livre de bord,
ou un procès-verbal habilement rédigé pouvait dissimu-
ler des fautes, et, sans aucune clause préalable, en faire
supporter le poids par les chargeurs.

La vapeur a changé cela :

Sur terre, des chemins de fer ont remplacé les routes :
des trains immenses, traînés par de puissantes locomo-
tives, emportent les marchandises, par milliers de ton-
nes, d'un bout à l'autre des continents. Un personnel
nombreux s'emploie aux diverses manœuvres ; le chargement, l'arrimage, le déchargement sont faits par des
équipes différentes. Un mécanicien conduit le convoi ; un
chef de train garde les marchandises en route. Les objets
transportés passant ainsi entre tant de mains, il est souvent difficile à la Compagnie d'exercer sur chacun de
ses employés, une surveillance suffisante.

Sur mer, on voit aujourd'hui des navires grands
comme des villages. Une triple cale y reçoit, pêle-mêle,
des masses énormes de marchandises. Un seul capitaine commande, comme autrefois ; mais il ne peut plus,
comme autrefois, entrer dans le détail des soins à donner, des précautions à prendre. De nombreux subor-
donnés s'en occupent à sa place, et leur nombre même
diminue leur responsabilité.

Ainsi l'usage des machines a rendu plus difficile la
surveillance. Mais en même temps, par une curieuse
fatalité, il l'a rendue plus nécessaire qu'autrefois.

Les machines, en effet, sont aujourd'hui de véritables

organismes qui, comme dans la nature animale ou végétale, ont besoin, pour vivre, du concours de tous leurs organes, et deviennent plus délicats à mesure qu'ils se perfectionnent. Qu'un tuyau crève, qu'une chaudière fuie, qu'un arbre se brise, qu'un robinet coule : voilà la machine morte ! D'où vient l'accident ? Peut-être d'un léger défaut du métal employé, d'une *paille*, comme disent les constructeurs ; plutôt, d'une petite négligence. Mais le capitaine pouvait-il prévoir, en n'ordonnant pas de fermer ce robinet, d'étancher cette chaudière, que la cale serait inondée, les marchandises perdues, que le navire sauterait ? Le mécanicien se doutait-il qu'une seconde de distraction ferait dérailler son train ?

Grâce aux machines, on va vite, et cette vitesse même amène son contingent de dangers nouveaux. Autrefois, les abordages étaient rares ; les navires avaient le temps de s'éviter. Quand cependant un choc avait lieu, il ne causait le plus souvent, que de légères avaries. Aujourd'hui, lorsque, par un temps de brume, deux navires fondent l'un sur l'autre, il n'est plus temps ni de les arrêter, ni de changer leur route : le choc produit, dans la coque de fer, un trou béant, irréparable, et l'on se félicite si l'équipage est sauf.

On peut dire la même chose de l'échouement des navires, des rencontres et des déraillements de trains.

Les machines ont rendu les convois plus rapides. Elles ont aussi augmenté la vitesse des manœuvres. Nos ports sont couverts aujourd'hui de grues à vapeur, dont les longs bras, armés de griffes, soulèvent du fond du navire et rejettent à terre barriques, caisses et ballots. Autrefois, un navire de deux cents tonneaux se déchargeait en quatre jours, à raison de cinquante tonneaux par jour. Aujourd'hui, il faut qu'un navire de deux mille tonneaux soit déchargé en quarante-huit heures. Peut-on, matériellement, prendre vis-à-vis des objets qu'on charge ou qu'on décharge autant de précautions qu'au temps où l'équipage, tout seul, sans secours d'étrangers ni de machines, lentement, méthodiquement, transportait tout à la main?

Ce n'est pas tout : si les machines ont introduit dans les transports un certain nombre de dangers nouveaux, on doit remarquer d'autre part qu'elles augmentent la sécurité au point de vue des risques naturels. Ceci est vrai surtout pour les transports par mer. Grâce à la puissance de la vapeur, on y triomphe plus facilement de la fatalité des éléments. Il s'ensuit qu'en pratique, si un accident arrive, on sera bien plutôt tenté d'en attribuer la cause aux dangers provenant des machines, qu'aux dangers provenant de la mer. Et comme le transporteur est responsable des accidents de machines, tandis que les accidents de mer sont cas fortuits, cela contribue à augmenter la responsabilité du transporteur. En fait, cette responsabilité s'établit par l'intermédiaire de commissions d'enquête, comme en Angleterre, ou d'agents assermentés, comme en France, qui recherchent sévèrement les causes de chaque accident, et qui, dans leur désir parfois quelque peu vaniteux, de ne pas être dupes, en arrivent à ne plus croire à la possibilité du cas fortuit (1).

On voit donc sous quelle puissante influence les transporteurs sont arrivés à introduire dans la pratique les clauses d'irresponsabilité.

Mais quand les chargeurs ont vu que ces clauses devenaient, de jour en jour, plus générales et plus absolues, ils se sont révoltés contre elles. Après les avoir acceptées en silence, et souvent sans les lire, ils les ont prétendues nulles. Ils ont fait remarquer le danger d'une convention qui, enlevant toute responsabilité au transporteur, ouvre une voie si facile à son dol et à sa mauvaise foi. Ils ont insisté sur les terribles conséquences qui peuvent s'ensuivre dans un contrat d'où dépend non seulement l'intérêt matériel, mais souvent la vie humaine. Enfin, ils ont affirmé que ces clauses n'étaient jamais acceptées librement par eux, et pour l'établir, ils ont, à leur tour, invoqué les changements apportés par la vapeur aux transports par terre et par mer.

Les machines, ont-ils dit, ont permis d'augmenter dans des proportions considérables le volume et la capacité des moyens de transport. Elles en ont par là même, diminué le nombre. Il est arrivé que peu à peu, de gran-

(1) V. M. Ch. Lejeune, *Les clauses d'irresponsabilité dans les connaissements*, *ch.* 3 : « Ce qu'il y a de pénible à constater en cas d'abordage, c'est la tendance qui existe à chercher la faute toujours et quand même ».

des compagnies, disposant d'un capital considérable, se
sont formées sur certains parcours. Grâce à leur richesse,
à leur initiative, à leur esprit de suite, aux concours que
les gouvernements de divers pays leur ont prêtés, elles
ont pu faire aux chargeurs des conditions si avantageu-
ses, qu'elles ont ruiné toute concurrence. Maintenant,
maîtresses uniques du terrain sur lequel elles se sont
établies, elles édictent des lois aux propriétaires de marchandises, qui ne peuvent se passer de leur secours.

Ainsi s'est posée la querelle.

Au milieu des intérêts contraires, on a peine à distinguer quelle solution utile devrait intervenir. Partout déjà,
et de toutes façons, la question a été traitée. On a plaidé
devant les tribunaux de tous les pays maritimes ; la doctrine s'est émue ; des lois ont été faites ; des congrès se
sont réunis. On n'a encore pu rassembler que des avis
contradictoires.

Peut-être certaines opinions se sont-elles trop laissées
guider par l'idée d'utilité, sans assez se préoccuper des
principes du droit : quelque intérêt que puisse présenter la solution à admettre, c'est d'une question de droit
qu'il s'agit, c'est selon le droit qu'il faut la résoudre. Tel
sera notre but dans la suite de cette thèse.

*
* *

Dans les transports par mer, la clause d'irresponsabilité peut se présenter sous deux aspects différents :

1° Irresponsabilité, soit de l'armateur, soit du capitaine, pour ses fautes personnelles. Qu'il s'agisse de l'un ou de l'autre, c'est juridiquement, la même question.

2° Irresponsabilité de l'armateur pour les fautes du capitaine.

Dans les transports par terre, nous pensons que la clause peut seulement revêtir le premier de ces deux aspects. Il nous semble, étant données les conditions du transport par chemin de fer, qu'on ne peut pas distinguer la personnalité de la compagnie de celle de ses agents. « Le public ne connaît pas ces agents ; il prend ses billets de voyage ou ses récépissés de marchandises à un guichet, devant un grillage qui lui cache, même matériellement, la personne des préposés de la compagnie. C'est donc, dans tous les cas, la compagnie qui répond, car elle ne peut décliner la responsabilité d'actes qui sont légalement les siens (1) ».

Nous diviserons donc notre thèse en deux titres distincts :

Dans le 1er, nous étudierons la clause d'irresponsabilité des fautes personnelles, qu'elle soit stipulée par le capitaine, par l'armateur, ou par la Compagnie de chemin de fer.

Dans le 2e, nous étudierons la clause d'irresponsabilité stipulée par l'armateur pour les fautes du capitaine.

(1) Cass., Arr. du 10 mars 1869. Conclusions de M. l'av. gén. de Raynal. D. 69, 1, 96.

Ce titre, à la différence de l'autre, sera donc consacré exclusivement à la matière du transport maritime.

Enfin, dans des conclusions rapides, nous résumerons nos opinions.

TITRE PREMIER

DE LA CLAUSE D'IRRESPONSABILITÉ
DES FAUTES PERSONNELLES.

CHAPITRE PREMIER

LA CLAUSE D'IRRESPONSABILITÉ EST-ELLE PERMISE EN DROIT COMMUN ?

Peut-on, en droit commun, et abstraction faite du cas du transport, s'exonérer d'avance, par une clause spéciale d'un contrat, des conséquences des fautes que l'on pourra commettre dans l'exécution de ce contrat ?

Avant de répondre à cette question, il est nécessaire de préciser les caractères de la faute contractuelle. C'est seulement quand nous les connaîtrons que nous pourrons voir utilement quelle influence la faute a sur le contrat, et dans quelle mesure les parties peuvent prévoir ses effets, et régler ses conséquences.

Or, on sait que la faute contractuelle obéit à des règles toutes différentes de celles qui régissent la faute commise hors d'un contrat.

C'est ainsi qu'en l'absence de contrat, la preuve de la faute incombe à celui qui en a souffert. Dans un contrat, c'est, au contraire, au débiteur, à prouver qu'il n'a pas commis de faute.

L'auteur d'une faute commise hors d'un contrat doit réparation intégrale du préjudice causé (art. 1382). — L'auteur d'une faute commise dans un contrat ne doit que les dommages-intérêts prévus, ou qu'on aurait pu prévoir, lors du contrat (art. 1550).

En droit romain, il en était de même :

Les fautes, commises hors d'un contrat, étaient réprimées par la loi Aquilie. Le demandeur devait prouver la faute, et, cette preuve faite, il obtenait une indemnité sévère, réglée par la loi même.

Les fautes commises dans un contrat étaient réprimées par l'action du contrat lui-même. Le créancier n'avait qu'à prouver l'existence du contrat, et l'indemnité obtenue n'était point la même que s'il eut agi par l'action *legis Aquiliæ* (1).

_____

(1) Il est vrai que pour les fautes actives, l'action *legis Aquiliæ* pouvait concourir avec l'action du contrat. Mais cela s'explique historiquement : « La loi Aquilie est très probablement antérieure à l'introduction des contrats non solennels munis d'actions de bonne foi, dans lesquels l'office du juge sert et suffit à la réparation des fautes. L'action Aquilienne était anciennement employée pour réparer les conséquences de toute faute ayant les caractères exigés par cette loi, que cette faute se référât ou non à l'exécution d'un contrat. Lorsque l'action contractuelle de bonne foi comprit, dans l'office du juge et dans la condamnation à prononcer, la réparation des fautes des contractants l'un à l'égard de l'autre, fautes d'action ou d'o-

Pourquoi ces différences entre la faute contractuelle, et la faute commise hors d'un contrat ? La responsabilité de l'auteur de la faute n'est-elle pas toujours de même nature ? Qu'importe qu'il y ait convention ou non ? Si le contrat ne change rien à la nature des fautes, pourquoi modifie-t-il la façon de les prouver, et de les punir ?

Telles sont les réflexions que la morale et l'équité suggèrent. Mais le droit n'a pas pour uniques bases, la morale et l'équité. Il doit tenir compte de certaines circonstances qu'elles ne prévoient point, et ce sont précisément des circonstances de cette nature qui, dans le cas dont nous parlons, rendent logiques et nécessaires les différences que nous venons de signaler :

Une faute, commise hors d'un contrat, suppose en présence deux personnes qu'aucun rapport de droit ne lie ; elles ne s'étaient rien promis ; elles ne se connaissaient pas ; c'est la faute qui les réunit, c'est de la faute que naissent leur droit et leur obligation réciproques :

mission, l'action Aquilie, qui s'appliquait déjà aux premières de ces fautes, aux actes fautifs, qui était sévère, mais non injuste, a continué à être usitée avec ses effets propres et ses rigueurs spéciales, toutes les fois que le fait actif reproché était en même temps et une faute aquilienne, et une faute d'après la nature du contrat ou d'après les clauses modificatives qui y avaient été ajoutées. Si les actions contractuelles de bonne foi avaient existé de tout temps, les Romains auraient selon la vraisemblance, cantonné (ce que nous devons faire en droit moderne), la loi Aquilie dans le domaine des relations entre les tiers » (M. Labbé, *Annales de droit commercial*, année 1887, p. 252). — Cette observation n'enlève donc rien à l'exactitude de notre distinction. Quand, d'ailleurs, pour une faute contractuelle, le créancier usait de l'action legis Aquiliæ, il devait prouver la faute. La faute était donc traitée comme si elle eut été commise hors d'un contrat.

pour la victime, droit de demander réparation ; pour l'auteur, obligation de réparer.

De là, deux conséquences inévitables :

La 1re, c'est que, lorsque la victime viendra réclamer cette réparation à laquelle elle a droit, comme son droit se base sur la faute même, et qu'elle n'a point d'autre titre, elle devra prouver la faute.

La 2e, c'est que, quand il s'agira d'apprécier la réparation due, comme la faute commise est la cause de l'obligation, il faudra, pour limiter l'obligation, examiner toutes les conséquences de la faute. En d'autres termes, le préjudice sera en même temps la raison d'être et la mesure de la réparation.

Pour la faute contractuelle, c'est tout différent :

Deux personnes sont liées par un contrat. L'une a promis à l'autre telle prestation. Elle ne la fait pas. Le créancier n'a qu'une chose à dire : « Vous m'aviez promis, vous n'avez pas tenu : Compensez. » Quelle nécessité aurait-il de prouver la faute ? Ce n'est pas de la faute, qu'est née l'obligation du débiteur. Elle existait de par le contrat, antérieurement à la faute même : La faute a seulement empêché qu'elle ne s'accomplît. Or, « celui qui réclame l'exécution d'une obligation doit la prouver » : le créancier, pour prouver l'obligation du débiteur, n'aura qu'à prouver le contrat qui en est la cause. « Réciproquement, celui qui se prétend libéré doit justifier le paiement ou le fait qui a produit l'extinction de son obligation » (art. 1315). Ce sera donc au débiteur à prouver qu'il n'a pas commis de faute.

La 2ᵉ différence entre la faute contractuelle et la faute commise hors d'un contrat s'explique de la même manière : le débiteur en faute ne devra que les dommages-intérêts prévus ou qu'on aurait pu prévoir lors du contrat, parce que c'est le contrat lui-même, et non pas la faute, qui précise et qui détermine son obligation. Il est tenu, non pas en vertu de sa faute, mais en vertu du consentement exprès ou tacite qu'il a donné, lors du contrat, d'exécuter, ou de payer des dommages-intérêts. Ce consentement ne pouvait pas concerner des dommages-intérêts supérieurs au préjudice qu'il prévoyait au moment où il a consenti. Si donc le préjudice est plus grand qu'il ne l'a prévu, ou qu'il n'a pu le prévoir, il n'est pas tenu pour le surplus, car, pour le surplus, il n'a pas consenti, et il ne peut être tenu que dans les limites de son consentement (1).

Ainsi s'expliquent, logiquement, les différences éta-

----

(1) Nous avons seulement voulu expliquer ici l'article 1150. Législativement, nous croyons qu'il y a lieu de faire des réserves sur la valeur de cet article. Il n'y aurait rien d'étrange à dire que le débiteur, au moment où il contracte, accepte d'exécuter, ou de supporter tout le préjudice, quel qu'il soit, même encore imprévu qui résultera de l'inexécution causée par sa propre faute. — On sait d'ailleurs qu'en doctrine, on discute sur le sens exact de l'article 1150. Dans l'opinion générale, on admet qu'il a en vue le *montant* du préjudice. Mais d'après M. Colmet de Santerre (V. 66 *bis*, III et IV) la distinction que fait cet article entre les intérêts prévus et les intérêts non prévus concernerait seulement la *cause* du dommage, et serait étrangère à sa *quotité*. Cette seconde interprétation améliore peut-être un peu l'article 1150. Mais elle n'est guère admissible, surtout si l'on se reporte à l'article 1149, qui, par dommages-intérêts, entend bien certainement le prix du préjudice subi.

blies par la loi entre la faute contractuelle et la faute commise hors d'un contrat.

Mais ce n'est pas tout, et l'on peut trouver, dans le Code lui-même, la preuve évidente de l'exactitude de notre démonstration.

L'art. 1150, en effet, soustrait le dol aux règles de la faute contractuelle. En cas de dol, c'est au créancier que la preuve incombe. En cas de dol, la réparation comprend tout le préjudice qu'a causé l'inexécution (art. 1151).

Au premier abord, cela peut sembler étrange. Les articles 1150 et 1151 envisagent le cas d'un dol commis dans un contrat. Pourquoi lui appliquent-ils donc les règles de la faute non contractuelle ?

C'est qu'en réalité, le dol, où qu'il soit commis, est toujours non contractuel. L'idée de dol, en effet, est absolument incompatible avec l'idée de contrat. Le contrat suppose la volonté d'accomplir la prestation promise ; le dol suppose la volonté de s'y soustraire. Il détruit le consentement nécessaire à l'existence du contrat. On ne peut pas être considéré comme contractant, en tant qu'on commet un dol.

Qu'en résulte-t-il ? C'est que le dol, étant en dehors du contrat, n'a pu être prévu par le contrat, ni dans son existence, ni dans ses conséquences. Par suite, celui qui se prétendra victime d'un dol devra prouver qu'il a été commis, et, cette preuve faite, il aura droit à la réparation totale du préjudice que le dol aura causé. En d'autres termes, le dol, étant une faute non contractuelle, sera soumis aux règles des fautes non contractuelles.

En résumé, abstraction faite du dol, et lorsqu'une
simple faute, c'est-à-dire une faute involontaire, sera
commise dans un contrat, le créancier n'aura pas à se
préoccuper de la faute en elle-même, mais seulement de
l'empêchement qu'elle apporte à l'exécution du contrat.
La faute n'est donc pas un élément juridique du contrat.
C'est un pur fait, qui ne change rien aux conditions du
contrat, mais qui met seulement à leur accomplissement,
un obstacle matériel.

Il est temps de revenir à la question que nous avons
posée en commençant ce chapitre :

Peut-on, en droit commun, s'exonérer d'avance et par
une clause spéciale, des conséquences de sa propre faute?

Après ce que nous venons de dire, la réponse est simple : si la faute, en effet, n'est pas un élément juridique,
si c'est un simple *événement*, un *fait* purement matériel,
pourquoi ne deviendrait-elle pas l'objet d'une convention, comme tout fait matériel quelconque. Pourquoi ne
pourrait-on pas d'avance prévoir son arrivée, et régler
ses conséquences ?

Considérons, par exemple, le cas fortuit. On sait qu'en
règle générale, la loi le met à la charge du créancier
(art. 1148) (1). Elle aurait pu faire autrement, sans blesser en rien l'équité ni la morale, car le cas fortuit étant
indépendant de la volonté des parties, on ne voit point
de raison d'en rendre l'une responsable plutôt que l'au-

(1) Nous parlons naturellement du cas où il s'agit d'un corps certain.

2

tre. Il est probable que l'article 1148 a obéi à cette raison de sentiment qui a dicté aussi l'article 1162 : le créancier doit supporter le cas fortuit, parce que le législateur réserve ses sympathies pour celui qui doit.

Mais supposons qu'une convention soit venue corriger l'article 1148, l'article 1302, § 2, prend soin de nous dire qu'elle sera valable.

Pourquoi donc ne déclarerait-on pas aussi valable une convention sur la faute, puisque la faute, aussi, est un fait ?

A cela, on vient répondre que la faute et le cas fortuit ne sont pas des faits assimilables. La faute émane du débiteur lui-même. Il serait immoral de convenir qu'on ne sera pas responsable de ses actes.

Cette objection a le tort de confondre la faute juridique, et la faute morale.

Il est vrai qu'en droit la faute est un fait accompli par le débiteur lui-même, mais, à la différence de la faute morale, qui est toujours accomplie *volontairement*, la faute juridique est nécessairement *involontaire*, car, dès qu'une faute a été commise volontairement, le droit change son nom, et l'appelle *dol.*

Ainsi, la maladresse, l'erreur de jugement, l'imprudence légère, commise sans intention de nuire, tous les actes, en un mot, auxquels a manqué un consentement coupable, la morale ne s'en occupe pas, et ce sont ceux-là précisément que le droit appelle fautes. Si donc ils sont en dehors de la morale, pourquoi le droit ne les règlerait-

il pas d'après ses principes propres? Quelle raison y a-
t-il de faire intervenir ici une idée d'immoralité, pour
empêcher l'application de ces principes?

Nous règlementerons donc de la façon suivante tous
les faits qui peuvent empêcher l'accomplissement d'un
contrat.

L'exécution peut manquer dans 3 cas : en cas de dol,
en cas de faute, par cas fortuit.

1. En cas de dol, le débiteur est toujours responsable.
Le contrat n'a pas prévu le dol, et n'a pas pu le prévoir.
Le dol est un acte volontaire. En cette qualité, il entraîne des conséquences juridiques qui lui sont propres, et
les autres actes volontaires qui ont pu le précéder, sont
nécessairement, par lui, diminués ou détruits.

2. En cas de faute, le débiteur est généralement responsable. Néanmoins, la convention est maîtresse de
déplacer le poids des responsabilités. La faute n'est pas
un acte volontaire. Les actes de volonté qui l'ont précédée ne sont donc pas touchés par elle. Ils peuvent au
contraire exercer sur elle leur plein et entier effet.

3° Enfin le cas fortuit, dans les dettes de corps certain,
est à la charge du créancier. Mais ici encore, et pour les
mêmes raisons qu'en cas de faute, la convention peut,
d'avance, régler comme elle l'entend les responsabilités.

Telles sont les règles qui découlent logiquement des
principes.

Il est facile de se convaincre qu'en droit romain, et dans

notre droit moderne, le législateur les a reconnues et appliquées.

Voici ce que dit Ulpien, dans la *loi 23, de regulis juris* :

« *Contractus quidam dolum malum duntaxat recipiunt; quidam, et dolum, et culpam*......... *sed hæc ita, nisi si quid nominatim convenit, vel plus, vel minus in singulis contractibus ; nam hoc servabitur, quod initio convenit ; legem enim contractus dedit : excepto eo, quod Celsus putat, non valere, si convenerit ne dolus præstetur : hoc enim bonæ fidei judicio contrarium est : et ita utimur* ».

Ainsi, d'après Ulpien, la loi romaine, en établissant, pour chaque contrat, de quelle faute le débiteur sera responsable, n'a fait qu'interpréter la volonté présumée des parties. Libre à elles d'établir une réglementation différente. Une seule limite est mise, sur ce point, à la liberté des conventions : On ne peut pas convenir d'avance que le débiteur ne sera pas responsable de son dol.

C'est ce que répète la loi 27, § 3, *de pactis* :

« *Illud nulla pactione effici potest ne dolus præstetur* ».

On pourrait trouver, dans le même sens, bien d'autres décisions romaines (1).

M. Labbé (2) a mis ces idées en lumière, par un exemple tiré d'Ulpien lui-même :

« Ulpien, dit-il, dans le § 29 du fr. 27 au Dig. IX, 2, *ad legem Aquiliam*, prévoit l'hypothèse suivante : un ou-

_____

(1) V. Dig., *Depositi*, l. 1, § 7. — *Nautæ, caupones*, l. 3, § 1 — *de pactis*, l. 29.

(2) *Annales de droit comm.*, année 1887, p. 187.

vrier s'est chargé de façonner, de ciseler un vase, probablement en une substance précieuse et dure qui se
taille au ciseau. Il est convenu, comme cela est d'usage
relativement à ce genre de travaux sur des matières de
grand prix, susceptibles de se briser (cette remarque est
d'Ulpien), il est convenu, disons-nous, de ne pas répondre de la fracture : *Non periculo suo se facere.* Sous les
coups destinés à lui donner la forme de vase, le bloc de
marbre se brise. L'artiste en est-il responsable ? En
l'absence de la clause de non garantie, il faudrait rechercher si l'ouvrier est ou non en faute : *si imperitia fregit
vel non.* Mais sous l'empire de la convention supposée,
il échappe en tout cas et à l'action *locati* et à l'action de
la loi Aquilie : *quæ res* (c'est-à-dire le pacte d'irresponsabilité) *ex locato tollit actionem et aquiliæ.* Le fait peut présenter les caractères de la faute aquilienne. La fracture
peut être le résultat d'un coup porté par l'artisan, d'un
acte positif à lui imputable. Si une faute accompagne ce
fait actif et dommageable, si l'ouvrier n'a pas aperçu
une veine apparente et de nature à entraîner la fracture
sous un coup donné dans une certaine direction plutôt
que dans une autre, s'il eût été possible, avec plus de prudence, d'éviter l'accident et le dommage, toutes les
conditions de la responsabilité aquilienne existent, et
cependant, par l'effet de la clause de non garantie, l'action de la loi Aquilie est éteinte ou paralysée. Cette décision d'espèce nous conduit à la théorie suivante : Entre
personnes unies par un contrat, la responsabilité des

fautes (le dol et la faute grave exceptés) est limitée à la mesure résultant du contrat, soit en vertu de sa nature, soit en vertu d'une clause accidentelle. L'action de la loi Aquilie subit cette limite : elle ne conserve son indépendance et la liberté de son allure propre que dans les rapports avec les tiers, entre personnes qui ne sont pas liées par un contrat ».

Telle est la doctrine romaine.

La loi française l'a admise.

Notre Code civil donne, lui aussi, les règles à suivre pour la prestation des fautes dans les divers contrats. Par exemple, aux termes de l'article 1137, « *l'obligation de veiller à la conservation de la chose, soit que la convention n'ait pour objet que l'utilité de l'une des parties, soit qu'elle ait pour objet leur utilité commune, soumet celui qui en est chargé, à y apporter tous les soins d'un bon père de famille* ». Mais : « *Cette obligation est plus ou moins étendue relativement à certains contrats* ». Ainsi, le dépositaire, d'après l'article 1927, le mandataire gratuit, d'après l'article 1992, sont tenus seulement des fautes qu'ils n'auraient pas commises dans la gestion de leurs propres affaires.

Il est hors de doute que cette réglementation est purement interprétative. La preuve en est dans un article très général, où le législateur a permis, au moins implicitement, l'usage des clauses d'irresponsabilité pour tous les contrats. Nous voulons parler de l'article 1152, ainsi conçu :

Lorsque la convention porte que celui qui manquera de l'exécuter paiera une certaine somme à titre de dommages-intérêts, il ne peut être alloué à l'autre partie une somme plus forte, ni moindre ».

Le législateur permet donc aux parties de régler souverainement, d'avance, le montant des dommages-intérêts auxquels la faute du débiteur pourra donner lieu. Or, s'il leur plaît de stipuler, comme peine, une somme très inférieure au dommage, ou de convenir, même, que les dommages-intérêts se réduiront à *rien*, ne serait-ce pas aller contre l'esprit et contre le texte de la loi, que de déclarer illicite une semblable clause ?

On le voit donc : ici, comme à Rome, d'après les textes concrets aussi bien que dans la pure théorie du droit, le doute n'est pas possible :

La faute du débiteur est une valeur commerciale, valeur négative, qui se vend, qui se paie, qui peut, selon la volonté des parties, grever l'une ou l'autre d'entre elles.

Le dol, au contraire, avant qu'il ne soit commis, n'est pas dans le commerce. Prévoir un dol dans un contrat serait non seulement immoral, mais absurde, parce que toute convention suppose nécessairement la bonne foi.

CHAPITRE II

LES PRINCIPES GÉNÉRAUX S'OPPOSENT-ILS A CE QUE LA CLAUSE D'IRRESPONSABILITÉ SOIT ADMISE EN MATIÈRE DE TRANSPORT.

Nous avons expliqué, au précédent chapitre, quels sont, à notre avis, les principes du droit commun sur les clauses d'irresponsabilité, et nous sommes arrivés à cette conclusion que la loi française, comme la loi romaine, interdit au débiteur de se dégager à l'avance des conséquences de son dol, mais lui permet parfaitement de convenir qu'il ne sera pas responsable des conséquences de sa faute.

Il semblerait au premier abord, que le contrat de transport doive être soumis, sur ce point, à la loi commune. Et pourtant, nous le savons déjà, depuis que les clauses d'irresponsabilité sont devenues d'un usage courant dans les transports par terre et par mer, leur validité a été très violemment discutée, aussi bien en doctrine qu'en jurisprudence.

Nous verrons plus tard quelles raisons spéciales sont invoquées par les partisans de la négative, pour soustraire le contrat de transport aux règles généralement reçues. Nous examinerons ces raisons, et nous tâcherons de voir si elles sont assez puissantes pour motiver une aussi grave exception.

Mais auparavant, il ne sera pas inutile de rechercher les origines de la querelle.

La question se posa d'abord dans les transports maritimes, au point de vue de l'assurance, et sous l'ordonnance de 1681. On se demanda si le capitaine pourrait ou non, s'exonérer des conséquences de sa faute, en l'assurant.

L'ordonnance de 1681, dans son article 27, décidait que les assureurs ne seraient pas tenus « des pertes et dommages qui arriveront par le fait ou la faute de l'assuré ».

Cet article était-il d'ordre public? Pouvait-on y déroger? Le capitaine, en s'assurant, pouvait-il valablement convenir que l'assureur lui paierait les conséquences de sa faute ?

A cette question, tous les commentateurs donnèrent une réponse unanime :

« Il est évident, dit Pothier (1), que je ne peux pas valablement convenir avec quelqu'un qu'il se chargera des fautes que je commettrai. Ce serait une convention qui inviterait *ad delinquendum*. »

« La clause n'opère rien, dit Valin (2), si c'est le propriétaire lui-même qui monte son navire, et si c'est le

---

(1) *Traité du contrat d'assurances*, n° 65.
(2) Ord. de la marine, t. 2, art. 28, p. 79 et 80.

maître qui est assuré. *Illud nulla pactione effici potest, ne dolus præstetur.* »

Emerigon (1) est plus affirmatif encore, s'il est possible :

« Il est certain, dit-il, que les assureurs ne répondent jamais des dommages et des pertes qui arrivent directement par le fait ou la faute de l'assuré lui-même : il serait en effet intolérable que l'assuré s'indemnisât sur autrui d'une perte dont il serait l'auteur. Cette règle dérive des premiers principes. Elle est consignée dans la loi *cum proponas*, 3, C. *de naut. fœnore*. Elle est appliquée au contrat d'assurances par le Guidon de la mer, ch. 9, art. 8. *Si casus evenit culpa assecurati, non tenentur assecuratores* (Scaccia, Loccenius, Straccha, etc...). — C'est ici une règle générale à laquelle il n'est pas permis de déroger par un pacte contraire : *Nulla pactione effici potest ne dolus præstetur.* »

Ainsi, d'après les auteurs qui ont commenté l'ordonnance, il n'y a pas de discussion possible : la clause qui exonèrerait le capitaine des conséquences de sa propre faute serait contraire à la morale, et on devrait l'annuler, sans distinguer entre la simple faute et le dol.

Il y a lieu de s'étonner d'une semblable doctrine, surtout quand on examine sur quels motifs elle se fonde !

Des motifs ? Ils n'en donnent point. Ils se contentent d'affirmer, comme une chose qui tombe sous le sens, que la clause d'irresponsabilité est contraire à l'ordre

(1) *Traité des assurances*, t. 1, ch. 12, s. 2.

public : « C'est évident », dit Pothier. Ils croient assez faire pour justifier leur opinion, en brandissant l'un après l'autre, la loi 27, § 3, *de pactis.*

Ils ne voient point que cette loi-là est justement la condamnation de leur doctrine.

En effet, elle n'envisage que le dol : « *Nulla pactione effici potest ne* DOLUS *præstetur* ».

Pothier, Valin, Emerigon l'appliquent à la baraterie.

Or, qu'est-ce que la baraterie ?

D'après Pothier lui-même (1) « les termes de barate-rie de patron comprennent toutes les espèces, tant de dol que de simple imprudence, défaut de soin et impé-ritie, tant du patron que des gens de l'équipage ».

Et Valin (2) nous dit à son tour : « Baraterie de pa-tron : Termes énergiques qui comprennent absolument tout le dommage qui peut résulter du fait du maître et des gens de son équipage, soit par impéritie, impru-dence, malice, changement de route, larcin ou autre-ment ».

Il est clair qu'entendue ainsi, la baraterie comprend, en dehors du dol, les fautes les plus innocentes. Par con-séquent, la loi 27, § 3, *de pactis*, qui prohibe seulement la clause relative au dol, ne saurait s'appliquer à tous les faits de baraterie, et laisse pleine vigueur aux clau-ses qui n'ont pour objet que des fautes non-dolosives.

Emerigon, qui ne s'est pas contenté de cette seule ci-

----

(1) *Loco citato.*
(2) *Loco citato.*

tation, n'est pas plus heureux dans les autres. « Cette règle, dit-il, ... est consignée dans la loi *cum proponas*, 3, C. *de naut. fænore* ». Or, si on lit la loi *cum proponas*, on voit qu'elle ne s'occupe point d'une simple faute, mais bien d'une manœuvre dolosive, à laquelle elle ne ménage pas la sévérité de ses expressions :

« .. *perque* VITIUM *debitoris, nec loco quidem navigii servato*, ILLICITIS *comparatis mercibus, quæ navis continebat, fiscum occupasse; amissarum mercium detrimentum, quod non ex marinæ tempestatis discrimine, sed ex* PRÆCIPITI AVARITIA, *et* INCIVILI DEBITORIS AUDACIA, *accidisse adseveratur, adscribi tibi juris publici ratio non permittit* ».

Ainsi, le capitaine a volontairement changé de route. Il a acheté des marchandises défendues, et tout a été confisqué. Il y a loin d'ici à une simple négligence ! Enfin, et ceci prouve mieux que tout le reste combien, en s'appuyant sur ce texte, Emerigon a eu la main malheureuse, rien ne nous dit que le prêteur à la grosse s'y soit chargé d'autre chose que des cas fortuits !

Concluons donc que les commentateurs de l'ordonnance, en faisant remonter au droit Romain la théorie d'après laquelle il serait immoral de se décharger de la responsabilité de sa faute, ont commis une regrettable confusion : le droit Romain, nous l'avons vu, n'exclut de la convention d'irresponsabilité que la faute dolosive.

Ainsi, la doctrine soutenue par Pothier, par Valin et par Emerigon, perd toute la force qui s'attache à une tradition perpétuée : bien plus, elle se met en contradic-

tion avec la doctrine Romaine. Elle n'est donc pas *évidente*, comme les commentateurs de l'ordonnance se
plaisaient à le croire, et elle ne doit désormais avoir
pour nous que la valeur d'une opinion contestée, excep-
tionnelle, et entachée, dans ses motifs mêmes, d'une
erreur historique.

Cette erreur, nous tenions d'autant plus à la mettre
dès l'abord, en lumière, qu'elle s'est malheureusement
enracinée en vieillissant, et qu'elle a exercé, sur la doctrine moderne, la plus néfaste influence.

Quand, en effet, le Code de commerce vint remplacer
l'ordonnance, il décida, article 351, que « toutes pertes
et dommages provenant du fait de l'assuré, ne sont point
à la charge de l'assureur ».

Cette rédaction, analogue à celle de l'article 27 de
l'ancienne ordonnance, laissait aussi pendante la question de savoir si l'esprit de la loi autorisait la convention
contraire, si l'on pouvait, ou non, s'assurer de ses fautes par une clause formelle.

Mais la doctrine, lancée dans le sens de la négative,
se refusa d'abord à reconnaître qu'il y eût là une question sujette à controverse, et, sur les errements de Pothier, de Valin et d'Emerigon, les commentateurs du
Code de commerce redirent que l'article 351 n'admettait
évidemment pas la convention contraire, que c'était
conforme d'ailleurs, au Droit romain et à tous les principes.

Il est même curieux de voir avec quel respect M. Bou-

lay-Pati et M. Bédarride suivent, jusque dans les mots,
la doctrine de leurs devanciers : « Ne serait-il pas, en
effet, de toute injustice qu'on s'indemnisât sur autrui
d'une perte dont on serait soi-même l'auteur ? Cette règle, dérivant des premiers principes, est puisée dans le
Droit romain, et elle est appliquée au contrat d'assurances par le Guidon de la mer... C'est ici une règle de droit
à laquelle il n'est pas permis de déroger par un pacte
contraire, sans blesser les mœurs : ce serait, en effet,
une convention *ad delinquendum* (1) ». « Toute convention dans ce but serait illégale et nulle. Il serait étrange,
disait Pothier, etc... (2) ».

M. Emile Cauvet (3), M. Denis Weil (4), M. Alauzet (5),
M. Rivière (6) ont répété la même doctrine, en s'appuyant toujours sur les deux mêmes raisons : immoralité de la clause ; tradition romaine.

Pourtant, dès 1862, une voix, timide encore, s'était
élevée contre cette double erreur. M. J. V. Cauvet se
permit quelques observations contre la doctrine univer-
sellement admise. Nous citerons ce passage, où, pour la
première fois, fut signalée la difficulté sur laquelle jusqu'alors, tout le monde marchait en fermant les yeux :

« Au point de vue des principes (dit M. J. V. Cauvet,
qui n'ose pas trop, encore, s'aventurer sur ce terrain

(1) M. Boulay-Pati, *Cours de droit Comm. mar.*, t. II, S. 27, p. 113.
(2) M. Bédarride, *le Comm. mar.*, 2ᵈ éd., t. IV, nᵒ 1260.
(3) *Traité des Ass. terr.*, t. 1, nᵒ 313.
(4) *Des Ass. mar. et des avaries*, nᵒ 145, p. 157.
(5) *Comment. du C. de com.*, 3ᵉ éd. t. 6, nᵒ 2129, p. 195.
(6) *Répétit. écrites sur le C. de comm.*, 8ᵉ éd., p. 630.

nouveau), au point de vue des principes, on est porté, sans doute, à donner une entière adhésion à ces déclarations des anciens auteurs, répétées dans un grand nombre de décisions judiciaires, que la faute personnelle ne peut pas être assurée. Néanmoins, si on y réfléchit avec attention, on doit reconnaître que ces assertions générales confondent trop aisément entr'elles toutes les espèces de fautes.

« Autre est la faute qui suppose l'intention mauvaise, le dol ; autre, la faute qui ne provient que de la faiblesse de l'intelligence. On a généralisé des règles qui ne s'appliquent avec évidence qu'à la première. Emerigon, repoussant tout pacte contraire à la disposition qui prohibe l'assurance du dommage provenant du fait de l'assuré, cite le texte latin : « *nulla pactione*, etc... ». Oui, on ne peut, par aucun pacte, rejeter sur autrui la réparation du dol que l'on commet. Mais, lorsqu'il s'agit des fautes qui échappent à l'infirmité humaine, il n'est pas vrai également que la morale repousse la convention par laquelle on en déclinerait ou on en ferait supporter à autrui la responsabilité. Un oubli, une omission, un moment de trouble peuvent produire des conséquences très graves, sans qu'il y ait rien à reprocher moralement à celui à qui ils sont imputables. Les règles de la morale ne sont pas intéressées à ce que l'homme, moralement innocent, réponde des suites d'un fait involontaire (1) ».

(1) J. V. Cauvet, *Ass. marit.*, t. 1, § 142.

Néanmoins, M. J. V. Cauvet se range à l'opinion de la négative, pour des motifs qu'il n'est pas l'heure d'étudier.

Mais bientôt M. de Courcy (1), plus audacieux, prit nettement en main la défense de l'affirmative.

Enfin, en 1885, MM. Lyon-Caen et Renault dénoncèrent l'erreur historique que M. J. V. Cauvet n'avait fait que soupçonner.

« L'exclusion des dommages provenant d'une faute même non intentionnelle de l'assuré, disent-ils (2), constitue une véritable dérogation aux principes du droit commun. En règle générale, une personne ne peut sans doute par aucun moyen se mettre à l'abri des conséquences de sa fraude ou de ses fautes lourdes assimilées à la fraude ; mais aucun principe de droit ne met obstacle à ce qu'on se décharge par une convention antérieure des conséquences des fautes non intentionnelles qu'on pourra commettre. Cette distinction est faite sans contestation, notamment en matière d'assurance contre l'incendie. Si une règle contraire est admise depuis longtemps en matière d'assurance maritime, c'est qu'on a pensé que dans l'intérêt de la navigation maritime, il faut ne pas enlever aux propriétaires de navires ou de marchandises l'intérêt pécuniaire qu'ils ont naturellement à être diligents et soigneux ; la sévérité de la loi

---

(1) *Questions de droit maritime*, 2ᵉ série, p. 75 et s.
(2) *Précis de droit commercial*, t. II, nᵒ 2147.

peut contribuer ainsi à rendre les accidents de mer moins fréquents. »

Et, à la note 4, même page, ils ajoutent :

« Les anciens auteurs considéraient, en général, que le législateur avait appliqué les principes généraux en déclarant que l'assureur maritime ne répond pas des fautes de l'assuré...... Beaucoup d'auteurs modernes ont le tort de soutenir encore que l'assureur ne répond pas des fautes de l'assuré parce qu'on ne peut convenir qu'on ne sera pas responsable de ses fautes. »

On voit quel pas les deux savants auteurs font faire à la question : grâce à eux, l'erreur de deux siècles est enfin dévoilée. Il est reconnu qu'en règle générale, on peut se décharger de la responsabilité de sa faute, et la théorie admise dans l'assurance maritime est forcée, pour subsister, de se cantonner derrière des motifs spéciaux.

L'esprit logique de M. Lyon-Caen ne s'arrêta pas là ; plus tard (1), il analysa plus à fond ces motifs spéciaux et décida qu'ils n'étaient pas suffisants pour amener une exception aux principes. Nous verrons si nous devons le suivre dans cette voie. Mais auparavant, il nous reste encore à voir quelles conséquences a eues sur la question même qui fait l'objet de notre thèse, la longue erreur soupçonnée par M. J. V. Cauvet, et mise définitivement en lumière par MM. Lyon-Caen et Renault.

En effet, le retour complet à la vérité historique ne

(1) Sirey, 87, 1, 123, note à la 2ᵉ colonne.

3

date que de 1885. Or, depuis plus de 20 ans avant cette
époque, une autre question était née : on usait en pratique des clauses d'irresponsabilité vis-à-vis du chargeur
lui-même. Et quand on se demandait si ces clauses
étaient valables, il est facile de comprendre de quel poids
pesait sur la solution, l'erreur juridique que deux siècles avaient consolidée. Comment aurait-on accepté la
validité de ces clauses, quand il était admis sans con-
teste qu'on ne peut pas s'assurer de sa faute?

Aussi tous les jurisconsultes qui examinent cette question ne se donnent pas la peine d'aller chercher bien loin
des raisons de repousser la clause d'exonération. Il est
pour eux indiscutable qu'elle est contraire à la morale,
et ils se contentent de l'affirmer l'un après l'autre.

« Nul ne peut stipuler qu'il ne répondra pas de ses
fautes et délits », dit simplement M. Pardessus (1), et il
passe outre.

M. Sourdat (2) se contente d'invoquer l'autorité de
M. Pardessus lui-même.

M. Féraud-Giraud (3) affirme que la clause est « certainement nulle ».

M. Laurent (4) dit : « La négative est certaine. Il est
vrai que les parties peuvent faire telles stipulations qu'elles veulent, mais à condition de ne pas déroger aux
bonnes mœurs. Or, c'est une convention immorale que

(1) *Droit comm.*, t. 2, n° 542.
(2) *Traité général de la responsab.*, t. 2, § 995.
(3) *Code des transports*, t. 2, § 786.
(4) *Principes du droit civil*, t. 25, § 531.

celle qui dispense le débiteur de remplir ses obligations ».

Et la jurisprudence, soutenue par cette doctrine unanime, répète à l'envi que la clause, par laquelle un transporteur, soit par terre, soit par mer, s'exonère de la
responsabilité vis-à-vis du chargeur, est immorale, illicite (1), contraire à l'ordre public (2), sans se douter
que ces affirmations dogmatiques puissent prêter à discussion.

Or, nous devons faire table rase de toutes ces opinions, qui n'ont, pour point d'appui, qu'une fausse évidence.

Nous avons établi que, contrairement à ce qu'ont
pensé, depuis Pothier, les auteurs et les magistrats, la
tradition romaine et le droit commun admettent, comme
valables, les clauses d'irresponsabilité relatives à la
simple faute.

L'opinion qui les condamne devient donc une doctrine d'exception. Pour se soutenir, elle n'a pas le droit
d'invoquer les principes, puisque les principes sont contre elle. Elle est mise en demeure de puiser en elle-
même sa raison d'être, et de chercher, dans des motifs
spéciaux, les arguments qui peuvent la faire triompher.

---

(1) V. D. P. 67, 1, 388.
(2) V. D. P. 65, 1, 216, et 74, 1, 303.— V. aussi D. P. 59, 1, 66 ; — 60, 1,
269 ; — 74, 1, 305 ; — 76, 5, 84 .

CHAPITRE III

Nous abordons maintenant l'étude des motifs spéciaux qui pourraient faire rejeter la clause d'irresponsabilité stipulée, dans le contrat de transport, vis-à-vis du chargeur.

Avant de nous y engager, nous préciserons bien le débat, afin d'écarter tous les éléments étrangers dont le mélange serait susceptible de diminuer l'exactitude de notre analyse.

Nous ferons deux observations :

La première, c'est qu'en pratique, les clauses d'irresponsabilité sont souvent imprimées, en petits caractères illisibles, au dos des connaissements ; ou bien, elles se dissimulent dans les tarifs spéciaux des compagnies de chemin de fer. Dans ces conditions, il peut arriver que le chargeur, en signant le connaissement ou la lettre de voiture, n'ait pas su, en fait, à quoi il s'engageait (1). Il est bien clair que dans ce cas, notre ques-

_____

(1) Alger, 16 décembre 1846 ; Douai, 17 mars 1847 ; Paris, 14 août 1847 (V. Sirey, 47, 2, 88, 207, 509). — V. *Contrà*, Cassation, 16 janvier 1884 (Sirey, 84, 1, 222) ; — Athènes, 17 juin 1887 (*Revue intern. de dr. marit.*, t. III, p. 493).

tion ne se pose point ; nous pouvons avoir à examiner
si, vu les circonstances du transport, le consentement
du chargeur n'est pas, parfois, vicié ; mais nous sup-
poserons toujours qu'il existe.

En second lieu, nous devrons nous mettre en garde
contre une confusion que certains auteurs n'ont pas
évitée : on appelle souvent *clauses d'irresponsabilité*, des
conventions qui, par leurs termes mêmes, indiquent
qu'elles ont en vue, non la faute du transporteur, mais
celle du chargeur, ou le vice propre de la chose.

Ainsi, dans la Loire-Inférieure, la Compagnie d'Or-
léans stipule parfois, pour les transports de vins, qu'elle
ne sera pas responsable du coulage « vu la faiblesse des
barriques Nantaises ». Il est clair que le motif même de
cette stipulation en détourne le sens. En l'acceptant, le
chargeur reconnaît seulement que la chose transportée
est affectée d'un vice propre, auquel, sauf preuve contraire, on devra attribuer la cause de l'avarie.

Il en est de même dans cette clause, relative à un transport de bouteilles : « Cette expédition se fait à mes risques et périls, sans garantie de la part de l'administration prédite, à cause des doutes qu'elle a conçus en raison
de ce que l'emballage et le conditionnement sont recon-
nus insuffisants, et de ce que l'état des bouteilles n'a pu
être contradictoirement vérifié (1) ». Sur ces termes, la
Cour de cassation de Belgique a jugé par deux fois, avec

(1) Cass. belg., 7 mai 74. V. Pasicrisie, 1, 74, 148. — Cass. belg., 19 nov.
74. V. Pasicrisie, 75, 1, 19.

raison, que la clause avait pour unique but d'affranchir la compagnie de la présomption de faute, et de déplacer la charge de la preuve.

Nous n'avons point en vue les clauses ainsi formulées.

Par clauses d'irresponsabilité, nous entendons les conventions, régulièrement passées entre les parties, par lesquelles le transporteur transmet au chargeur la responsabilité de tels dommages désignés, ou de tous dommages possibles, *quelle que soit la cause de ces dommages.*

Pour mieux encore préciser notre pensée, et pour placer la discussion sur un terrain pratique, nous citerons quelques-unes de ces clauses. Les formules en sont nombreuses, et il est facile de choisir entre elles, car il n'est pas aujourd'hui de grande compagnie, il n'est pas de petite entreprise privée qui ne tienne à honneur de montrer vis-à-vis du chargeur, les prétentions les plus rigoureuses.

Voici par exemple, en matière de transport par mer, la formule adoptée par la Compagnie générale transatlantique :

« Le capitaine et la compagnie ne sont pas responsables des risques et fortunes de mer, arrêts et réquisitions de gouvernement ou des autorités militaires, faits de guerre, piraterie et vols à main armée, sur terre et sur mer, ni d'aucune de leurs conséquences, de *l'abordage, du feu à terre ou en magasin, à bord ou dans les allèges, des pertes ou avaries occasionnées par des accidents de machines ou de chaudières, par la vapeur, la pluie ou*

*les fuites d'eau, des dommages causés par les rats ou la
vermine, des suintements, rouille, mouillure par eau douce
ou de mer, buée de cale, ni des avaries résultant du contact
ou de l'évaporation des autres marchandises, ou de la pres-
sion du chargement.*

« Ils n'assument aucune responsabilité pour les risques des marchandises et valeurs en allèges, dans les ma-
gasins, avant et à l'embarquement ou au débarquement,
ni pour les risques ou *accidents résultant de rupture de
treuils, cordes et élingues, ou survenus pendant le chargement, déchargement ou transbordement, que ces opérations soient faites au moyen d'embarcations du bord ou
d'allèges appartenant au port. Cette réserve est applicable
également aux groups, diamants et autres objets de valeur.*

« *Ils ne sont point responsables de la casse ou rupture
des objets fragiles, ni de ceux en terre ou verreries, ni du
coulage des liquides, du poids, de la mesure, du contenu
et de la valeur des colis, n'acceptant, quant à ce, aucune
responsabilité tirée des énonciations du connaissement, ni
du défaut ainsi que de la non-identité des marques et numéros.*

« *Ils ne répondent pas non plus de la perte ou des avaries des marchandises en balles ou en sacs, des avaries et
manquants causés par* l'insuffisance ou *la déchirure des
emballages*, ni des retards ou substitutions occasionnés
par l'absence, l'oblitération ou les erreurs dans les marques, contremarques, adresses, numéros, fausse dési-
gnation, ou différence dans les marques d'un même lot,

tous les colis devant être distinctement marqués et porter le nom de destination. »

D'autres formules, bien que plus concises, n'en sont
pas moins complètes, au contraire. Ainsi, on lit au dos
du connaissement usité dans les *lignes régulières de va-
peurs français entre Bordeaux et l'Espagne* :

« *Le capitaine ne répond* D'AUCUNE ESPÈCE D'AVARIES.
*Il ne répond pas non plus du poids ni du contenu des co-
lis* ; *il s'engage seulement à les remettre conformément
aux marques. Il ne répond ni de la vidange, ni du coulage
des liquides, ou des avaries pouvant résulter de leur fer-
mentation, ni du tamisage de route, ni du bris des objets
fragiles.* »

Dans les transports par terre, la clause est plus
simple encore, mais tout aussi compréhensive. Le plus
souvent, on lit seulement au tarif que, la compagnie
« *est affranchie de la responsabilité des déchets et avaries
de route survenus à la marchandise* ».

On le voit : quelle que soit la formule employée, soit
que la clause soit rédigée dans un sens absolu, ou
qu'elle procède par énumérations successives, son but
est le même : dégager le transporteur de toute responsabilité relativement aux objets transportés. Appliquée
judaïquement, elle conduit à cette conséquence, que le
chargeur n'aura rien à réclamer, quoiqu'il arrive : quand
même ses fûts arriveraient vides, ses sacs défoncés, sa
statue en morceaux, quand même rien, pas un débris,
ne parviendrait de son envoi, le transporteur, à sa récla-

mation, pourrait toujours opposer cette même réponse :
« Je ne sais rien, je n'étais pas responsable : cela ne me
regarde pas ».

Or, le droit commun, nous le savons, n'admet pas une
irresponsabilité aussi illimitée. Il n'autorise pas cette
indifférence.

Le droit commun permet la clause d'exonération,
quelles que puissent être ses conséquences, chaque fois
que la responsabilité découle d'une faute non intentionnelle.

Mais si, au fait dommageable, se joint une intention
coupable, le créancier, en dépit de la clause, garde le
droit d'établir cette intention, et de faire supporter au
débiteur toutes les conséquences du dommage.

Donc, d'après les règles seules du droit commun, les
clauses d'exonération stipulées dans les contrats de transport ne doivent pas être appliquées à la lettre : elles ne
dégagent pas le transporteur de toute responsabilité. Il
demeure soumis aux conséquences de son dol.

Faut-il aller plus loin ? Faut-il décider que, dans le
contrat de transport, l'application des règles du droit
commun ne suffit pas, qu'en dépit de la clause d'irresponsabilité, le transporteur doit être déclaré responsable
même de sa faute ?

Beaucoup d'auteurs le croient, et beaucoup d'arrêts
le décident. A l'appui de leur opinion, ils invoquent des
arguments juridiques et des raisons d'utilité pratique,
que nous allons successivement examiner.

Voyons d'abord leurs raisons de droit : nous transcrivons, autant que possible, à la lettre :

« Il est de l'essence du contrat de transport que le transporteur veille à la conservation de la chose transportée pour la rendre au chargeur exempte d'avaries (1) ». La preuve en est dans la loi même. « L'article 1784, qui règle la responsabilité du voiturier en général, établit contre lui une présomption de faute (2) ». Cette présomption, exorbitante du droit commun, puisqu'en droit commun l'article 1382 met la charge de la preuve au compte du demandeur, est confirmée encore par les articles du Code de commerce relatifs à la responsabilité du capitaine. C'est ainsi que « l'article 221 a étendu cette responsabilité même aux fautes légères. Cette rigueur est encore aggravée, soit par l'article 228 du Code de commerce, qui exclut toute excuse, soit par l'article 230, qui, en termes impératifs, dispose que la responsabilité du capitaine ne cesse que par la preuve de la force majeure (3) ». « Or, il n'existe aucune loi, quelque respectable qu'elle soit, qui puisse déroger à l'article 1382 (4) ». Donc, ce n'est pas quand on voit la loi même renchérir sur les sévérités de l'article 1382, qu'on peut permettre à la convention de s'y soustraire.

Telle est leur argumentation. Elle fourmille d'erreurs.

D'abord, cette première règle : « Il est de l'essence du

(1) Bordeaux, arr. du 6 fév. 89. *Rev. intern. de droit mar.*, t. 4, p. 645.
(2) Troplong, *Traité du louage*, art. 1784, n° 936.
(3) Bordeaux, même arrêt que ci-dessus.
(4) Bédarride, *Chemins de fer*, t. 1, § 74.

contrat de transport que le transporteur veille à la conservation de la chose transportée », est mal formulée.

En tous cas, elle ne contient pas les conséquences qu'on en veut tirer : qu'est-ce, juridiquement, que le transport? Il se décompose en deux contrats : mandat et dépôt : par le mandat, le transporteur s'oblige à faire parvenir la marchandise au lieu désigné. Par le dépôt, il s'oblige à la garder jusqu'à la remise aux mains du destinataire.

Or, on sait qu'*en général*, le mandataire est tenu de sa faute. Il en est même tenu rigoureusement quand le mandat n'est pas gratuit (art. 1992). On sait qu'*en général*, le dépositaire est tenu de sa faute, mais seulement de celle qu'il ne commettrait pas dans le soin de ses propres affaires (art. 1927).

Mais n'avons-nous pas vu qu'en droit commun, rien n'empêche le dépositaire, ni le mandataire, de stipuler lors du contrat qu'ils ne seront pas responsables de leurs fautes?

Si donc, dans chacun des deux contrats séparés, une pareille stipulation est valable, pourquoi la repousserait-on dans un contrat qui n'est que la réunion des deux ?

Ici, les partisans de la doctrine que nous combattons, nous opposent tout un groupe de textes, où l'on est surpris de voir assemblés, pêle-mêle, l'article 1382, et les articles 1784 C. civ., 221 et 228, C. com.

Ils ne songent pas que l'article 1382 s'occupe exclusivement de la faute non contractuelle, et que le transport

est un contrat, qui, en cette qualité, doit suivre les règles de la faute contractuelle. Cette regrettable confusion
leur a fait perdre de vue le véritable terrain où la discussion doit rester.

Ils veulent établir que la faute, dans le contrat de
transport, est soumise à des règles exorbitantes du droit
commun.

« Or, quand on est en matière de contrats, le droit
commun à invoquer, c'est le droit commun des contrats,
et non pas celui des délits, absolument comme quand
on étudie un problème de physique, c'est aux lois générales de la physique qu'on se réfère, et non aux lois générales de la chimie (1). »

Qu'importent dès lors, en notre matière, les règles de
l'article 1382? Les seules règles qui nous intéressent,
ce sont celles des articles 1147, 1148, 1149, 1152.

Or, l'article 1784, en décidant que « les voituriers sont
responsables de la perte et des avaries des choses qui
leur sont confiées, à moins qu'ils ne prouvent qu'elles ont
été perdues et avariées par cas fortuit ou force majeure »,
n'a fait qu'appliquer strictement au contrat de transport
la règle de droit commun des articles 1147 et 1148. Il
en est de même de l'article 98 et de l'article 103 C. com.
Il en est de même enfin, des articles 221, 228 et 230 C.
com., en tant, du moins, qu'on peut les déclarer applicables au contrat de transport lui-même.

---

(1) Sainctelette, *Responsabilité et garantie*, page 52. — Voir aussi, sur
cette distinction entre les fautes contractuelles et délictuelles l'article, de
M. Sauzet, *Revue critique,* 1883, p. 637 et s.

Dans tous ces articles, la loi n'a donc fait que des applications des principes généraux à des espèces particulières. Elle aurait pu s'en dispenser, sans rien changer aux règles du transport. Mais le soin qu'elle a pris de répéter ainsi et de proclamer à nouveau un principe sur lequel elle aurait pu se taire, ne prouve-t-il pas avec évidence qu'elle admet en même temps, les corollaires de ce principe ?

Par conséquent, nous devrons conclure que l'essence du contrat de transport n'est point contraire à la clause d'irresponsabilité des fautes, et qu'aucun texte ne s'oppose à ce que le transport suive, sur ce point, les principes du droit commun. L'article 1784 et tous les articles du Code de commerce relatifs à cette question, n'ont qu'une valeur interprétative, et la convention des parties peut, juridiquement, y déroger.

Mais nos adversaires ne se tiennent pas pour battus. Ils disent : il est possible que l'article 1784 C. civ., que les articles 102, 221, etc. C. com. n'indiquent pas par leurs termes mêmes, qu'une dérogation soit apportée dans le transport, aux règles ordinaires de la prestation des fautes. Mais des raisons de fait, nées de l'état actuel des transports, rendent immorale la clause d'irresponsabilité des fautes, lorsqu'elle s'applique à ce contrat. Cette clause tombe donc au moins sous le coup de l'article 6 du Code civil, d'après lequel « on ne peut déroger, par des conventions particulières, aux lois qui intéressent l'ordre public et les bonnes mœurs ».

Ici, les motifs invoqués varient, selon qu'il s'agit du transport par terre ou du transport par mer. Aussi nous les examinerons sous deux paragraphes distincts.

§ 1. — *Transports par terre.*

« Aujourd'hui, dit-on, les chemins de fer sont à peu près le seul mode de transport dont le public puisse disposer. Les compagnies qui administrent ces entreprises imposent à leurs clients des conditions de transport, auxquelles ceux-ci sont presque dans l'impossibilité de se refuser. Les décharges de garantie pour les avaries que peut éprouver la marchandise, pendant la route, ne sont données par les expéditeurs que comme contraints et forcés, pour mettre un terme aux contestations qui leur sont faites et afin de gagner du temps, et aussi dans l'espoir qu'il n'arrivera rien de fâcheux à leur marchandise ; mais assurément on ne saurait voir là un consentement donné en pleine et entière liberté (1) ».

Mais on peut répondre à ces plaintes, que d'après la circulaire ministérielle du 11 septembre 1861, « les conditions restrictives de non responsabilité... ne seront admises, dans les séries, qu'autant que les marchandises auxquelles elles s'appliqueront seront inscrites dans une autre série, sans condition aucune ou du moins avec une condition inverse et générale ».

L'expéditeur a donc le choix au moins entre deux tarifs : le tarif général, qui, moyennant un prix plus élevé,

_____
(1) *Trib. de comm. de Rouen*, 2 nov. 1863.

lui promet le transport de sa marchandise d'après le droit commun, et le tarif spécial, qui, en échange d'une diminution de prix, met les fautes de la compagnie à la charge de l'expéditeur.

On ne peut donc pas dire que l'expéditeur, quand il accepte la clause d'irresponsabilité, agisse comme « contraint et forcé ». Bien au contraire, et comme l'exprime fort bien une circulaire ministérielle du 25 novembre 1861, « les tarifs spéciaux sont tous conditionnels : l'application ne peut donc en être faite qu'en vertu d'un contrat commutatif, dans lequel il faut nécessairement le concours de deux volontés. En pareil cas, c'est, d'un côté, la compagnie qui concède un prix réduit, et, de l'autre côté, l'expéditeur qui accepte les conditions stipulées comme compensation de la réduction de prix ».

Il n'est même pas besoin, pour admettre la clause d'irresponsabilité dans les transports par terre, d'invoquer la force obligatoire que donne l'homologation ministérielle aux tarifs des compagnies. La faiblesse des raisons qu'on invoque contre elle est une preuve suffisante de sa validité.

§ 2. — *Transports par mer.*

Pour les transports maritimes, on fait valoir les dangers que présente la navigation : « Le commerce maritime exige que des passagers et des équipages s'exposent aux périls de la mer sur un navire, et que leurs vies et la fortune des négociants soient confiées aux soins d'un capitaine (1) ». « Chaque oubli, chaque faute, chaque négligence dans n'importe quel détail, par exemple et en première ligne un vice dans l'arrimage, peut, dans des circonstances déterminées, mettre le navire en péril et être cause de sa perte. La plus scrupuleuse attention pour éviter toute faute, de quelque nature qu'elle soit, est indispensable pour ne pas augmenter les risques, déjà si nombreux, de perte en pleine mer (2) ».

Au premier abord, cet argument fait une vive impression. Dès que la vie humaine est en péril, le cœur s'émeut, et fait souvent taire le bon sens.

Pourtant, quand on réfléchit, on s'aperçoit qu'il n'y a pas ici de motif de rejeter la clause d'irresponsabilité.

Pourquoi invoquer la vie humaine, quand il s'agit de marchandises ? Si des hommes périssent par la faute du capitaine, la clause d'irresponsabilité ne l'empêchera pas d'être responsable de leur mort. Mais la morale elle-même exige avec l'équité, que cette responsabilité ne sorte pas de son domaine, qu'elle se borne aux conséquences qu'elle doit produire. On ne comprendrait pas que les chargeurs, qui n'exposent que leurs marchandises, bénéficient de ce que des hommes sont morts.

On répond à cela, que la clause d'exonération augmente les dangers pour les hommes : le capitaine, se sachant irresponsable, devient négligent. « Rappelons-

---

(1) V. J. V. Cauvet, *Assur. marit.*, t. 1, § 142.
(2) V. Anvers, 31 décembre 1885. *Jurispr. d'Anvers*, 86, p. 9, 12.

nous le cri d'alarme du député anglais Plimsoll, les navires pourris, innavigables qui ont été et sont encore
envoyés à la mer ; la soif du gain qui fait mépriser les
plus vulgaires mesures de prudence, surcharger les navires, négliger leur entretien, réduire leurs équipages,
lésiner sur l'arrimage, fermer les yeux sur le renouvel-
lement indispensable des chaudières et des machines,
et qui, en dernière analyse, conduit, avec des navires
mal armés, mal approvisionnés, mais bien assurés, et
des capitaines démoralisés..... à des pertes qui ont, pour
cause directe, l'incurie... ! (1) ».

Cette argumentation a le tort d'oublier la différence
que nous avons déjà faite entre la simple faute et le dol.
La clause d'irresponsabilité n'exonère point le capitaine
de ses négligences coupables. Celui qui, de gaîté de cœur,
et volontairement, néglige toute prudence, abandonne
au hasard le soin des marchandises, et risque leur dété-
rioration ou leur perte, se trompe, s'il se croit à l'abri
de toute sanction grâce à la clause d'irresponsabilité. Il
n'est pas de bonne foi, et la loi du contrat ne le protège
plus. — Autre est la situation du capitaine malheureux,
dont l'intelligence et l'à-propos n'ont pas égalé la bonne
volonté. Celui-ci voulait bien exécuter le contrat, et
conduire à bon port les marchandises. Moralement, il
n'est donc pas coupable ; moralement, il a pu se décharger de la responsabilité juridique que le Code fait peser
sur lui.

---

(1) V. M. Lejeune, *Clauses d'irrup. dans les connaissements*, ch. 6.

4

Il faut songer à toutes les difficultés de la navigation maritime. Il faut distinguer le capitaine qui, aux prises avec les éléments déchaînés, n'a pas montré tout le sang-froid nécessaire, de celui qui, poussé par une idée de lucre, a commis une infraction au devoir.

Qu'on laisse donc aux tribunaux le soin de faire cette différence. C'est à eux qu'appartient le droit d'apprécier la gravité de la faute commise. Il ne faut pas d'avance leur lier les mains, et les forcer, en vertu d'une loi qui n'existe pas, et d'une morale qui n'a rien à voir ici, à condamner nécessairement quelqu'un qui n'est pas coupable.

On nous dira peut-être que notre système, en déclarant le capitaine responsable seulement de sa faute dolosive, met la preuve à la charge du chargeur, et que le dol est souvent difficile à prouver.

C'est vrai. Mais qui ne sait qu'en droit, l'application des principes à la pratique se heurte souvent à des difficultés matérielles ? Si, dans les procès, on ne peut pas toujours éviter l'injustice, ne vaut-il pas mieux qu'elle naisse du fait, et de la nécessité même des choses, plutôt que de la loi ? N'oublions pas d'ailleurs qu'ici, la preuve de l'intention coupable ne sera pas toujours nécessaire. Une tradition immémoriale assimile la faute lourde au dol. Quand les juges se trouveront en présence d'un acte tel, que l'intention dolosive, sans être prouvée, se devine, ils pourront hardiment déclarer l'auteur respon-

sable : ce sont là des questions d'appréciation, dans lesquelles ils sont tout puissants.

Les dangers que présente la navigation ne doivent
donc pas entrer en ligne de compte, pour résoudre notre
problème.

Nous ne nous préoccuperons pas davantage d'une autre objection qu'on nous fait. Comme pour les chemins
de fer, on invoque un prétendu monopole qui lie le chargeur et le force, contre son gré, à accepter des clauses
trop onéreuses. Nous remettons à plus tard l'examen
approfondi de cet argument. Nous serons plus à même
de le discuter quand nous étudierons la clause d'irresponsabilité de l'armateur pour les fautes du capitaine.
Tout ce que nous pouvons dire ici, c'est que, quand
même il serait vrai, il ne devrait pas, en théorie, influer
sur notre opinion : il ne procède pas, en effet, de la nature même du transport, mais de circonstances purement accidentelles et indépendantes du contrat de transport lui-même. Quand bien même on nous prouverait
qu'en fait, le chargeur qui accepte la clause d'irresponsabilité ne donne pas un consentement libre, cela n'éta-
blirait point qu'en droit, la clause d'irresponsabilité doit
toujours être rejetée. Autre chose est d'examiner si on
peut valablement accepter telle convention, autre chose,
de prouver qu'en réalité on ne l'a pas faite.

Ainsi, nous avons établi que ni le droit, ni la morale,
ne proscrivent, dans le contrat de transport, la clause

d'irresponsabilité relative aux fautes personnelles du transporteur.

Nous l'admettons donc, dans les termes où le droit commun l'admet : possibilité pour le transporteur de se décharger de sa simple faute ; mais impossibilité de se décharger de son dol.

De notre discussion, il ressort qu'en admettant un semblable avis, nous nous mettons en contradiction avec une grande partie de la doctrine.

Il nous reste à voir quel chemin suit ici la jurisprudence. Dans une matière aussi pratique que celle du transport, les avis des tribunaux peuvent jeter beaucoup de lumière, et ce serait un bon appoint pour notre cause, si, dans les décisions d'espèces, elle pouvait trouver du secours.

CHAPITRE IV

Les navires, les chemins de fer, sont comme des chaî-
nes qui relient entre eux les divers pays du monde :
c'est par leur intermédiaire que denrées, matériaux, et
même les idées, tout s'échange, tout se transmet.

Les questions de transport sont donc d'un intérêt émi-
nemment international, et nous serions bien incomplets,
si nous n'examinions, au moins rapidement, quelles
sont, sur le point qui nous occupe, les opinions admises
dans les divers pays. Au milieu des raisons d'intérêt
local et des rivalités patriotiques, nous pourrons voir se
dessiner la marche perpétuelle des nations vers la simplicité, l'unité et le progrès.

L'avis le plus ancien en date, et qu'un grand pays soutient encore, c'est que la clause d'exonération pour les
fautes personnelles du transporteur, est nulle et de nul
effet.

Ce fut d'abord l'avis de la jurisprudence française :
d'accord avec une doctrine égarée par l'erreur de Pothier, de Valin et d'Emerigon, elle admettait comme un

axiome de droit, que le transporteur ne peut se décharger de la responsabilité de sa faute, et ne donnait point de raisons pour expliquer une opinion dont l'exactitude lui semblait évidente. Cette jurisprudence, dont les premiers arrêts remontent à 1859, se poursuit jusqu'en 1874, à peu près sans discussion (1). Tout au plus pourrait-on citer, en sens différent, un arrêt de Bordeaux, du 5 mars 1860 (2), que nous retrouverons plus loin.

La jurisprudence américaine des États-Unis s'est emparée de cet avis. Mais elle fait bon marché des raisons de droit, pour se préoccuper exclusivement des motifs d'intérêt national. Les américains sont surtout, aujourd'hui, producteurs, commerçants, et par conséquent, exportateurs. Leur marine, au contraire, occupe un rang secondaire, par rapport à celles des autres pays. Ils ont donc souvent besoin, pour transporter leurs marchandises, d'avoir recours à des navires d'autres pays, surtout à des navires anglais. Souvent aussi, leur acheteur étranger propose de fournir le moyen de transport.

Il résulte de cette situation que l'Amérique a plutôt intérêt à protéger le chargeur que le transporteur, et ses tribunaux ne se font pas faute de le dire. C'est ainsi que la Cour du district sud de New-York, décide (3) :

« Que la validité des clauses d'irresponsabilité ne

(1) V. Civ. rej. 26 janvier 1859, D. 59. 1. 66. — Nancy, 1re ch., 5 janv. 1860 ; Req. 26 mars 1860, D. 60. 1. 269; — Civ. rej. 24 avril 1865, D. 65. 1. 216 ; Req. 29 mai 1866, D. 67. 1. 388. — Civ. Cass., 31 mars 1874, D. 74. 1. 303.
(2) V. D. 60. 2. 176.
(3) Arr. du 2 déc. 1886. V. *Rev. intern. de Dr. mar.*, t. III, p. 364.

peut être reconnue devant les tribunaux d'Amérique...

« Que cette admission serait contraire à l'ordre public, car elle mettrait les citoyens des États-Unis dans un état marqué d'infériorité vis-à-vis de leurs concurrents étrangers ».

On le voit, pour les magistrats des États-Unis, ordre public et intérêt national, c'est tout un : au point de vue patriotique, cette confusion naïve peut avoir quelque chose de touchant : mais il faut bien reconnaître qu'en droit, elle est sans valeur. Au moins selon nos idées françaises, une loi seule peut empêcher l'application d'un principe de droit nuisible seulement à des intérêts pécuniaires.

En Belgique, le tribunal d'Anvers, se mettant en opposition ouverte avec le reste de la jurisprudence belge, rejette avec vigueur la clause d'irresponsabilité. Nous avons déjà cité en partie ses motifs, pour les réfuter. Mais il n'est pas inutile de les réunir ici :

« La clause ci-dessus, dit un jugement du 31 décembre 1885 (1), permet au capitaine et à l'équipage de détourner impunément les objets qu'ils transportent, au moins dans la plupart des cas, favorisant ainsi le dol et la fraude, puisqu'il sera toujours impossible à un chargeur de prouver l'intention doleuse d'un détournement perpétré dans le cours d'un voyage lointain... Chaque oubli, chaque faute, chaque négligence dans n'importe quel détail, par exemple et en première ligne, un vice

(1) *Jurispr. d'Anvers*, 1886, p. 9, 12.

dans l'arrimage, peut, dans des circonstances déterminées, mettre le navire en péril et être cause de sa perte.
La plus scrupuleuse attention des armateurs et du capitaine pour éviter toute faute, de quelque nature qu'elle
soit, est indispensable pour ne pas augmenter les risques, déjà si nombreux, de perte en pleine mer ».

Dans un nouveau jugement du 26 juillet 1887, le
tribunal d'Anvers maintient cette jurisprudence, et atta-
que violemment l'opinion opposée, admise par la Cour
de Bruxelles, et, dans une certaine mesure que nous
verrons, par la Cour de cassation belge.

Nous croyons qu'aujourd'hui, le tribunal d'Anvers
reste seul avec la jurisprudence américaine, pour défendre cette opinion rigoureuse qui annule absolument la
clause d'irresponsabilité.

Une autre opinion a, dans un certain nombre de pays,
détrôné la précédente. Beaucoup d'esprits ont senti ce
que l'annulation pure et simple de la clause d'irresponsabilité avait d'injuste et de révoltant pour le bon sens,
et, sans oser encore donner à cette clause l'effet que les
principes réclamaient pour elle, ils ont décidé que, si
elle ne devait pas être admise à la lettre, elle devait au
moins avoir pour résultat de déplacer la charge de la
preuve.

M. Troplong semble avoir été le premier à proposer
ce système. Examinant, dans son *Traité du louage* (1),
la clause d'irresponsabilité, il la déclarait nulle, sans

(1) T. III, n° 942.

hésitation, en tant qu'elle affranchit le voiturier de la responsabilité de sa faute, « mais, ajoutait-il, le voiturier ne soutient pas qu'elle est valable sous cette couleur. Il consent à répondre de sa faute ; mais il dit que c'est à son adversaire à prouver qu'il a été négligent, car il est demandeur en nullité, et pour prouver la nullité du traité, ou l'inutilité de la convention, il faut qu'il arrive jusqu'à établir que ce n'est pas la force majeure qui a causé l'avarie ».

Dès 1860, un arrêt de Bordeaux (1) adopta cette thèse, et jugea :

« Que la stipulation de non responsabilité ne pouvait avoir d'autre effet que d'exonérer le transporteur de la présomption résultant des articles 103 du Code de commerce et 1784 du Code civil, et de mettre la preuve de la faute à la charge de l'expéditeur ».

Longtemps, cet arrêt demeura isolé. Enfin, en 1873, un arrêt de Rennes reprit cette doctrine, qui, sur le pourvoi, fut consacrée, le 14 juillet 1874, par la Cour de cassation (2), dans les termes suivants :

« Attendu qu'une clause semblable ne saurait, il est vrai, avoir pour effet d'affranchir les compagnies de la responsabilité des fautes qui seraient reconnues avoir été commises par elles ou par leurs agents, ce qui serait contraire aux articles 1382 et suivants du Code civil, mais qu'elle a du moins pour résultat, en opposition

(1) Bordeaux, 5 mars 1860, D. 60. 2. 176.
(2) V. D. 76. 5. 84.

avec les règles ordinaires en matière de transport, de mettre la preuve de ces fautes à la charge du propriétaire de la marchandise ».

Dès lors, la jurisprudence française, orientée dans ce sens, ne varie plus (1). Tous les arrêts que nous avons cités ne s'appliquaient qu'au transport par terre, on étend la même solution aux clauses des connaissements qui déclarent soit le capitaine, soit l'armateur, irresponsable de ses fautes personnelles (2).

D'autres pays ont suivi cet exemple :

En Angleterre, un arrêt de la Haute Cour, du 9 novembre 1876 (3), décide qu'en présence de cette clause, « c'est à l'expéditeur qu'il appartient de prouver la négligence de la Compagnie ».

En Belgique, la Cour de cassation a, par deux fois, en 1874, donné le même avis (4). Nous verrons tout à l'heure que plus tard, elle a osé aller plus loin, du moins en ce qui concerne le transport par chemins de fer.

Dans le Grand duché de Luxembourg (5), la Cour supérieure de justice conclut également à un renversement de preuve.

Ce système, en théorie, est certainement inadmissible. C'est en vain qu'il prétend interpréter la volonté des

---

(1) Cass. 25 oct. 1887, D. 88. 1. 72.
(2) Aix, 18 mars 1874, D. 77. 2. 43. — Civ. Cass., 11 févr. 84. D. 84. 1. 399. — Civ. Cass., 21 juillet 1885, D. 85. 5. 86.
(3) *Journal de droit intern. privé*, 1877, p. 51.
(4) 7 mai et 19 nov. — V. *Pasicrisie Belge*, 1874. 1. 148 et 1875. 1. 19.
(5) 14 août 77. *Pasicrisie Luxemb.*, t. 1, p. 374.

parties. Il ne l'interprète pas, il la renverse. M. Bédarride (1) a beau invoquer l'article 1157 du Code civil, et
dire que lorsqu'une clause est susceptible de deux sens,
on doit plutôt l'entendre dans celui avec lequel elle peut
avoir quelque effet, il ne porte aucun secours à la Cour
de cassation. Où voit-on, en effet, qu'ici, la clause
puisse comporter deux sens ? Quand le capitaine ou la
compagnie de chemins de fer stipule « la non garantie »,
est-il question de preuve ? Comme le dit fort bien M. Sainctelette (2) : « M. Troplong prête aux parties un langage
contraire à celui qu'elles ont parlé. Le voiturier est sup-
posé avoir stipulé qu'il ne répondra pas de ses fautes.
Troplong lui fait dire qu'il consent à répondre de sa
faute. On a peine à en croire ses yeux quand on lit de
ces choses-là ».

M. Lyon-Caen (3), de son côté, pose ce dilemne : « La
clause litigieuse est valable ou elle est nulle, il n'y a pas
de milieu possible. Si elle est valable, il ne saurait être
question de responsabilité... même en cas de faute prouvée... Si elle est nulle, comment aurait-elle un effet quelconque, même celui de modifier les règles concernant
le fardeau de la preuve ? Les juges ne peuvent pas subs-
tituer à la convention des parties une convention toute
différente ».

Et pourtant, cet accord de la jurisprudence française,

(1) *Des chemins de fer au point de vue du tranport*, t. 1, § 76.
(2) *Responsabilité et garantie*, p. 56.
(3) Note sous Sirey, 87, 1, 122.

et d'une partie des jurisprudences étrangères, donne à réfléchir. Les tribunaux ne trouvent pas toujours la formule théorique convenable. Mais en revanche, ils voient de plus près, et souvent mieux que les auteurs, les difficultés pratiques. Leur opinion, surtout quand elle se présente en une telle unanimité, mérite donc qu'on s'y arrête.

Or, une chose est à remarquer, dans l'opinion de la jurisprudence française, c'est qu'elle traite la faute simple absolument comme s'il s'agissait d'un dol.

Rappelons-nous, en effet, ces règles du droit commun que nous avons déclarées applicables à la matière du transport : le créancier qui assume, dans le contrat, la responsabilité de la faute du débiteur, demeure contre lui sans action en cas de faute. Il ne peut l'actionner qu'à condition de *prouver son dol.*

Et il nous semble, précisément, que la jurisprudence, oubliant le critérium de cette distinction, et confondant dans une même formule, le dol et la simple faute, a raisonné ainsi :

L'expéditeur, par son contrat, s'engage à ne pas se prévaloir de la faute du transporteur. Il ne pourra donc pas s'appuyer sur le contrat, pour se prévaloir de cette faute. En d'autres termes, la clause d'irresponsabilité change la nature juridique de la faute. De contractuelle qu'elle eût été, elle la rend délictuelle. Or, l'article 1382 punit les fautes délictuelles, à condition que le *deman-*

deur les prouve. Ce sera donc à l'expéditeur à prouver la faute du transporteur.

Ainsi, il n'est pas question ici de la volonté des parties, comme Troplong l'a prétendu à tort, et la doctrine de la jurisprudence peut s'expliquer de cette façon plus subtile peut-être, mais, à coup sûr, moins absurde : les arrêts qui donnent pour effet unique à la clause d'irresponsabilité de déplacer la preuve n'auraient point pour but une interprétation arbitraire de la volonté des parties, mais l'application des principes du droit.

Même, en examinant plus à fond, et en fait, ces arrêts, nous pourrions arriver à cette découverte, qu'ils ne se séparent de notre propre opinion que par une différence de terminologie, et, qu'au moins dans la plupart des cas, ce qu'ils appellent faute, ce qu'ils mettent à la charge du transporteur en dépit de la clause d'exonération, et à condition que le chargeur en prouve l'existence ce n'est pas la faute simple, c'est le dol.

Nous n'avons pas le dessein ici de passer en revue tous les arrêts rendus. Il nous suffira d'en voir deux ou trois pour nous faire comprendre.

Ainsi, la chambre civile, dans un arrêt du 4 janvier 1875 (1), reconnaît, qu'en fait, une compagnie de chemins de fer a égaré des sacs vides, du transport desquels elle s'était chargée, et pourtant, elle déclare cette compagnie non responsable, parce que l'expéditeur n'a pas pu prouver sa faute. Mais n'y a-t-il pas au moins faute

(1) D. 76. 5. 85.

simple, dans le fait d'avoir égaré ces sacs ? Peut-on comprendre que des sacs s'égarent sans qu'au moins une
petite négligence soit commise ? La chambre civile, en
parlant de faute, n'avait-elle pas au moins dans l'esprit la
faute lourde ?

De même, en matière maritime, après qu'un arrêt
d'Aix a reconnu que des fûts ont coulé faute de soins suffisants de la part du transporteur, la Chambre civile (1)
déclare le transporteur non responsable, parce que sa
faute n'est « pas suffisamment caractérisée ».

On le voit donc : en pratique, et au point de vue des
résultats, la jurisprudence française ne s'écarte pas tant
qu'on pourrait le croire d'abord, de l'avis que nous sou-
tenons. Elle semble bien ne voir, à proprement parler,
de fautes, que dans celles que nous assimilons au dol :
il faut, pour qu'elle les punisse, qu'elles lui apparaissent
avec un certain caractère de gravité qui les rende moralement dangereuses.

Nous condamnerons néanmoins cette jurisprudence.
Si bons que puissent être ses résultats, elle n'est pas
nette, elle se formule mal, et elle peut, par là même,
donner lieu à de regrettables erreurs.

D'autres tribunaux ont osé voir la vérité en face et la
proclamer.

La Cour de cassation belge, le 26 octobre 1877 (2), a
eu l'honneur, la première, de se dégager des vieux pré-

---

(1) D, 87, 5, 82.
(2) *Pasicrisie* belge, 77, 1, 406.

jugés, dans un arrêt rendu relativement à un transport par chemin de fer :

« Considérant, dit-elle, que cette clause de non garantie, en tant qu'elle n'a pas pour objet d'affranchir l'administration des conséquences de son dol, n'a rien d'illicite.

« Qu'il est permis, en effet, de convenir qu'un débiteur sera tenu de plus ou de moins de soins que n'en exige, en général, la nature du contrat, et que les faits entachés de mauvaise foi sont les seuls dont les parties ne pourraient sans blesser la morale, décliner d'avance la responsabilité ».

Le 7 mai 1887, la Cour de Bruxelles (1), relativement à un transport par mer, admit la même doctrine :

« Attendu, dit-elle, que cette clause, librement acceptée, fait loi contre les parties ou leurs ayants cause, et qu'elle n'est pas contraire à l'ordre public, ni aux bonnes mœurs.

Attendu que les affréteurs sont toujours libres de se fier aux soins, à l'aptitude et au caractère d'un capitaine, pour atténuer ou même supprimer, en vue de certains cas déterminés, l'obligation de garantie qui est de la nature, mais non de l'essence du transport, pourvu qu'ils ne la déchargent pas de la responsabilité de son dol ».

Nous pourrions encore citer un arrêt de la Cour d'appel d'Athènes, du 17 juin 1887 (2), qui décide dans le

(1) *Revue intern. de dr. mar.* 87-88, p. 75-79.
(2) *Revue intern. de dr. mar.* 87.88, p. 364-365.

même sens, et à peu près dans les mêmes termes.

En résumé, on le voit donc, la jurisprudence peu à peu s'émancipe, et ouvre les yeux à la lumière :

Partie de la théorie de la nullité absolue, fondée sur le préjugé et sur l'erreur, elle a fait d'abord un premier pas timide, en admettant que la clause d'irresponsabilité avait au moins pour résultat de déplacer le poids de la preuve. Peu à peu, cet aveu l'a amenée en fait, à valider la clause d'irresponsabilité. Enfin, quelques magistrats, éclairés et hardis, ont dit tout haut que l'exonération de la faute était valable, que le dol seul restait à la charge de son auteur.

Bientôt, tous auront entendu cet appel à la vérité. Tous reconnaîtront que dans les contrats, quels qu'ils soient, la bonne foi surtout importe, que la loi n'est pas faite pour établir entre les hommes des barrières de haine et de défiance, mais pour protéger au contraire la liberté de leurs conventions, dans le plus grand intérêt de la paix et de la justice.

Conflits de lois.

Mais en attendant que l'accord se fasse sur cette grave question, un point important demeure à résoudre.

Nous avons vu que les jurisprudences des principaux pays du monde jugent différemment les clauses d'irresponsabilité.

Supposons qu'un chargeur, appartenant à telle nationalité, décharge de la responsabilité de ses fautes un armateur, appartenant à une autre nationalité, et que les clauses d'irresponsabilité soient jugées de façon différente dans les pays auxquels appartiennent les parties.

Comment alors régler le conflit qui s'élève? Quelle loi, quelle jurisprudence devra-t-on appliquer?

La question s'est présentée devant les tribunaux de divers pays.

La jurisprudence américaine, fidèle sur ce point comme sur le reste à son opinion radicale, annule les clauses d'irresponsabilité, où et de quelque façon qu'elles aient été conclues. Elle voit là une nullité d'ordre public, absolue, et décide, péremptoirement, que « la validité des clauses d'irresponsabilité ne peut être reconnue devant les tribunaux d'Amérique (1) ».

En Belgique et en France, la jurisprudence est d'un autre avis. Elle admet qu'en ces matières, il faut appliquer la loi du pays d'expédition où le contrat a été conclu. « Le caractère d'un engagement et la responsabilité qui en découle doivent, à défaut de stipulation contraire, être appréciés d'après la législation du lieu où il a été conclu (2) ».

Et en effet, en admettant même que l'instance ait lieu dans un pays qui prohibe la clause d'irresponsabilité comme contraire à l'ordre public, il ne semble pas qu'il y ait lieu d'appliquer ici l'article 6 du Code civil.

(1) Arrêt du 2 décembre 1086, V. *Rev. intern. de dr. mar.*, t. III, p. 364.
(2) Arrêt de Cassation belge, *Pasicrisie*, 1879. 1. 183. — Voyez aussi Paris, 4 déc. 1877, S. 1887. 2. 184. — Cassat. 4 juin 1878, S. 1880. 1. 428.

« Les règles d'ordre public n'ont pas toutes le même caractère ; il en est qui intéressent à un tel point l'honnêteté publique et l'organisation française que les tribunaux français ne peuvent admettre qu'il y soit dérogé, même par des contrats conclus à l'étranger ; il en est aussi qui ont un caractère relatif, en ce sens qu'on ne peut sans doute y déroger en France, mais que nos tribunaux peuvent et doivent même reconnaître la validité des conventions conclues dans des pays où les mêmes règles n'existent pas (1) ». Or, on ne peut pas soutenir que, même dans les pays qui se montrent le plus sévères contre les clauses d'irresponsabilité, la règle d'ordre public qu'on invoque contre elles intéresse l'honnêteté et l'organisation du pays. Cette raison d'ordre public, est, en l'espèce, trop faible et trop vacillante pour pouvoir détruire les contrats passés dans les pays où elle n'existe pas. Nous croyons donc devoir admettre, avec les tribunaux de Belgique et de France, et avec la plupart des auteurs (2), qu'en matière de clauses d'irresponsabilité, la loi applicable est celle du pays où le contrat a été passé.

Nous n'insisterons pas sur une autre opinion, qui, dans le but de concilier tous les systèmes, voudrait qu'on distinguât en quel pays a eu lieu la faute d'où naît ou peut naître la responsabilité (3). Ce système qui se

(1) MM. Lyon-Caen et Renault, *Tr. de dr. comm.*, 2ᵉ édit., t. III, p. 595.
(2) Laurent, *Le droit civ. intern.*, VIII, nᵒˢ 171 et s. Aubry et Rau, I, p. 106. Demolombe, I, nᵒˢ 105, etc.
(3) Thaller, *Annales de droit comm.*, 1886-87, p. 304 et 305.

heurte à l'existence d'un contrat unique, soulève en fait des difficultés inextricables.

Dans le nôtre, au contraire, la distinction est simple : si un contrat de transport pour des marchandises à destination de la France est conclu en pays étranger, la clause d'irresponsabilité doit être appréciée suivant la jurisprudence de ce pays. Au contraire, la loi française sera applicable, pour les contrats de transport passés en France relativement à des marchandises expédiées en pays étranger.

TITRE II

DE LA CLAUSE D'IRRESPONSABILITÉ DE L'AR-MATEUR POUR LES FAUTES DU CAPITAINE.

———

CHAPITRE PREMIER

DANS L'ÉTAT ACTUEL DU DROIT, L'ARMATEUR PEUT-IL S'EXONÉRER DE LA RESPONSABILITÉ DES FAUTES DU CAPITAINE ?

Nous arrivons à l'étude de la clause d'irresponsabilité stipulée par l'armateur pour les fautes du capitaine. Comme nous l'avons fait remarquer au commencement de cet ouvrage, ce titre restera exclusivement consacré au droit maritime, l'état actuel du transport par terre ne nous permettant pas de séparer la personnalité juridique des compagnies de chemins de fer de celle de leurs préposés.

On conçoit parfaitement au contraire, que l'armateur et le capitaine puissent avoir une personnalité distincte. L'armateur met le navire en état de naviguer. Dans le port, avant le départ, il peut surveiller son état, et avoir la responsabilité directe de ce qui s'y passe. Mais une fois en mer, le capitaine est « seul maître après Dieu (1) ». Le chargeur connaît cette situation. Il sait le nom du capitaine. Il ne peut donc y avoir envers lui, de la part de l'armateur, qu'une responsabilité civile, pour les fautes que le capitaine pourra commettre dans le transport. C'est, à peu près, la même situation que celle du commissionnaire de transport, relativement aux fautes du voiturier, dans les transports soit par terre, soit par mer.

Cette responsabilité de l'armateur pour les faits du capitaine est régie par l'article 216 du Code de commerce, modifié par la loi du 14 juin 1841, qui dit :

« Tout propriétaire de navire est civilement responsable des faits du capitaine, et tenu des engagements contractés par ce dernier, pour ce qui est relatif au navire et à l'expédition.

« Il peut, dans tous les cas, s'affranchir des obligations ci-dessus par l'abandon du navire et du fret ».

Déjà, on le voit, l'article 216 permet à l'armateur, sans convention préalable, de se dégager de sa responsabilité civile, en faisant abandon.

Peut-on aller plus loin? Peut-on permettre à l'armateur de dépasser, par la convention, cette faculté purement légale? Peut-on déclarer valable la clause qui l'autoriserait à se décharger, sans faire abandon de la responsabilité des fautes du capitaine?

C'est ce que nous allons voir.

(1) V. *formules de Chartes-parties.*

Tout d'abord, nous pourrons admettre comme déjà prouvé, que l'armateur peut valablement s'exonérer de la responsabilité des fautes non dolosives du capitaine.

Nous avons en effet, établi, au titre précédent que l'armateur et le capitaine peuvent se décharger de la responsabilité de leurs propres fautes non dolosives. On ne pourrait pas concevoir que l'armateur fut tenu plus rigoureusement pour les fautes du capitaine que le capitaine ne l'est lui-même, ni que sa responsabilité civile dépassât sa responsabilité personnelle.

Nous n'avons donc qu'une chose à nous demander. C'est si l'armateur ne doit pas au contraire, être moins sévèrement tenu, quand il s'agit des fautes du capitaine, que quand il s'agit de ses propres fautes, et s'il ne peut pas s'exonérer d'avance de la responsabilité des fautes, même dolosives, que le capitaine commettra.

Ici encore, nous pourrons trouver un précieux secours dans l'étude des diverses opinions émises par la doctrine. Il nous suffira de les suivre dans leur développement pour fixer notre avis.

La clause d'exonération de l'armateur pour les fautes du capitaine n'a pas trouvé, chez la plupart des auteurs, une aussi forte opposition que la clause d'irresponsabilité des fautes personnelles.

Cela tient surtout à deux causes, purement juridiques :

1° La première, c'est que l'erreur de droit commise par les anciens jurisconsultes sur la valeur des clauses d'irresponsabilité en général, et l'opinion qu'ils en ont conclue, pour l'assurance des fautes personnelles, n'ont point eu d'effet ici.

Bien au contraire, tous ont admis que l'armateur pouvait s'assurer contre la baraterie de patron. En cela d'ailleurs, ils ne faisaient que suivre la lettre de l'article 28, t. 2, de l'ordonnance de 1681. Mais ils eurent du moins le mérite de l'admettre sans restriction.

« *Quid*, dit Valin (1) si le maître est fils de l'assuré ? Quoiqu'en droit *pater et filius una eademque persona censentur*, il ne serait pas juste de rendre l'assuré responsable des fautes du maître son fils, s'il n'y avait preuve de collusion ».

« Il est vrai, dit Emerigon (2), que ce n'est pas ici un dommage qui procède *ex marinæ tempestatis discrimine*; mais la baraterie n'est pas moins un risque et un très grand risque maritime, puisqu'on est obligé de confier son bien aux gens de mer, qui peuvent oublier quelquefois les devoirs de leur état, ou qui, par imprudence, occasionnent des pertes. Voilà pourquoi le Guidon de la mer avait mis la baraterie sur le compte des assureurs. Voilà encore pourquoi notre ordonnance permet aux assureurs de se charger de la baraterie du patron, ce qu'elle ne permettrait pas si, du moins en un sens, ce cas n'était pas une fortune de mer. Si une personne que j'avais lieu de croire honnête me trompe, et emporte l'argent

---

(1) Valin, *Ord. de la marine*, t. II, art. 28, p. 79 et s.
(2) Emerigon, *des Assurances*, t. 1, ch. 12, s. 3, pag. 371.

que je lui ai confié, cet évènement sera pour moi un véritable cas fortuit, suivant la loi 20 *commodati* ».

L'article 353 du Code de commerce a admis expressément cette doctrine :

« L'assureur, dit-il, n'est point tenu des prévarications et fautes du capitaine et de l'équipage, connues sous le nom de baraterie de patron, s'il n'y a convention contraire ».

Aucune controverse n'a pu s'élever en présence d'un texte aussi clair.

Ainsi, tandis qu'on soutenait, à tort, que l'assurance des fautes personnelles, même non dolosives, était impossible, on admettait avec raison que l'armateur pouvait s'assurer même contre le dol du capitaine.

Il en résulta, quand on vint à discuter les clauses d'irresponsabilité vis-à-vis du chargeur, que la négative, en ce qui concernait l'irresponsabilité de l'armateur pour les fautes du capitaine, ne trouva point, dans l'exemple des assurances, le même appui qu'en ce qui concernait l'irresponsabilité des fautes personnelles.

Bien au contraire, de bons esprits vinrent dire : « Le propriétaire peut, par une assurance, se faire garantir contre la baraterie de patron (art. 353); pourquoi ne pourrait-il pas s'en faire affranchir directement par les chargeurs (1) » ?

2° La 2ᵉ raison juridique, qui a permis à la clause d'exonération des fautes du préposé d'obtenir en doctrine

(1) Valroger, *Comm. théor. et prat. du liv.* II, *C. comm.*, 1ᵉʳ vol., p. 302.

et en jurisprudence plus de faveur que la clause d'exonération des fautes personnelles, c'est une raison de texte.

Aux termes de l'article 98 du Code de commerce, le commissionnaire de transport « est garant des avaries ou pertes des marchandises et effets, *s'il n'y a stipulation contraire* dans la lettre de voiture, ou force majeure ».

Et c'est pourquoi certains auteurs, qui repoussent la clause d'irresponsabilité des fautes personnelles, admettent la clause d'irresponsabilité des fautes du préposé. Parmi eux, M. Sourdat s'exprime ainsi (1) :

« Ce que l'article 98 du Code de commerce autorise formellement pour le commissionnaire de roulage semble devoir être également admis dans le cas qui nous occupe, car les mêmes raisons s'y appliquent. Une semblable clause n'a pas pour objet de soustraire l'armateur aux conséquences de ses actes personnels, elle n'a donc rien d'immoral, et ne peut être repoussée ».

Contre ces deux raisons, qui la diminuaient en force et en nombre, la négative a dû chercher des armes. Elle a essayé d'établir qu'il n'y avait point d'analogie entre l'assurance de la baraterie et notre clause, et que l'article 98, fait pour le commissionnaire, ne s'étend pas à l'armateur.

Nous examinerons son argumentation successivement sur ces deux points :

_____

(1) Sourdat, *Traité général de la responsabilité*, t. II, § 1017 *bis*.

1° La négative prétend d'abord qu'il n'y a pas de rapport à établir entre l'assurance de la baraterie et la clause dont nous nous occupons.

« Il faut beaucoup de bonne volonté, dit M. Arthur Desjardins (1), pour admettre cette thèse de l'assurance implicite. Demander qu'un tel contrat, entraînant un tel déplacement de risques, soit clairement exprimé, est-ce trop exiger ? De quel droit le présumer, quand le chargeur n'est pas même libre de discuter la clause, imposée comme il arrivera souvent, par quelque compagnie privilégiée ? D'ailleurs, pas d'assurance sans prime. Où est la prime ? Où est-il dit que l'armateur, à raison des risques supposés, diminue tant sur le fret ? Il faut arriver à soutenir que, sans la clause de non garantie, le taux de l'affrétement eût été probablement plus élevé, et, par conséquent, que cet abaissement probable équivaut à une prime sous entendue : C'est un vrai tour de force (2).

« Enfin si je puis me garantir par une assurance contre les suites d'une responsabilité que la loi m'impose, faut-il en conclure que je peux m'exonérer de cette responsabilité par un pacte conclu avec celui-là même qui pourrait la revendiquer ? »

Arrêtons-nous quelques instants sur ces lignes qui rassemblent toute l'argumentation de la négative en une forme vive et serrée.

---

(1) V. Desjardins, *Traité de dr. comm. marit*, t. II, n° 276.
(2) V. dans le même sens, Cresp, *Cours de dr. marit.* annoté par Laurin, t. I, p. 638 et s. — Voy. aussi Bordeaux, 6 fév. 1889, *Rev. intern. de dr. mar.* par Autran, t. IV, p. 645.

Il est vrai que dans notre clause, il n'y a pas de prime exprimée. Qu'importe cela ? L'assurance est-elle moins valable, parce que la prime est seulement implicite ? Or, contrairement à l'affirmation de M. Desjardins, nous soutiendrons que la clause dont nous parlons contient implicitement une prime. Il n'y a point de « tour de force » à admettre qu'un négociant n'accepterait pas sans dédommagement un déplacement de risques aussi considérable que celui qu'entraîne notre clause. Il est certain que, sans elle, le taux de l'affrétement eut été plus élevé, et la prime consiste précisément dans cette différence entre ce que le chargeur paiera, et ce qu'il eût payé en l'absence de clause.

Mais supposons que cette différence n'existe pas, qu'en tous cas, le fret soit le même ? Sera-ce une raison de déclarer la clause nulle ? Le chargeur n'est-il pas libre de vouloir être lésé ? Quel texte lui permettra de se prévaloir contre le transporteur, de cette lésion volontairement acceptée par lui ?

M. Desjardins, il est vrai, insinue que le chargeur n'est pas libre, que la clause est imposée. Nous retrouvons ici ce gros argument du monopole des compagnies, que nous avons déjà entrevu relativement à la clause d'exonération des fautes personnelles en droit maritime. Nous nous permettrons ici encore, d'en remettre à plus tard la discussion, nous contentant d'affirmer que le monopole n'existe point en fait. D'ailleurs, quand même il aurait lieu, ce ne serait point une raison de déclarer en

principe la clause nulle, puisqu'elle ne serait invalidée
que par une circonstance indépendante de sa nature
même, et dont la preuve incomberait naturellement au
chargeur.

Contentons-nous, pour l'instant, d'affirmer que la
prime existe, et que si le chargeur prend les risques à
sa charge, il ne le fait qu'en échange d'une rémunération. Cette rémunération n'exista-t-elle pas, reconnaissons que la clause, en soi, n'en serait pas moins valable.

Mais M. Desjardins va plus loin. Il prétend que quand
même une prime serait expressément stipulée, le transporteur ne peut pas s'assurer au chargeur lui-même,
parce que l'assurance contractée avec un tiers, laisse
subsister la responsabilité de l'armateur, tandis que
l'assurance contractée avec le chargeur, la supprime.

A cela, M. Lyon-Caen a répondu bien mieux que nous
ne saurions le faire. Nous nous contenterons de le citer(1).

« Quant à la réponse faite par M. Desjardins à l'argument tiré de la validité de l'assurance de la baraterie de
patron, elle nous semble d'une grande faiblesse. Sans
doute, *in abstracto*, l'assurance dont il s'agit laisse subsister la responsabilité du propriétaire de navire envers
les tiers, lésés par les faits du capitaine ; mais en réalité
on peut dire que la responsabilité du propriétaire disparaît, puisqu'elle n'a plus pour lui de conséquences
pécuniaires. La somme que le propriétaire peut être

_____

(1) Lyon-Caen, *Revue critique de législat. et de jurispr.*, 1880, p. 755.

condamné à payer à des tiers à titre d'indemnité lui est remboursée par son assureur. Dès l'instant où les fautes du capitaine ne peuvent pas, en définitive, être pour le propriétaire du navire la cause d'un préjudice pécuniaire, c'est presque, à notre sens, jouer sur les mots, que de dire que la responsabilité du propriétaire ne disparaît point ».

On voit donc en résumé, qu'en dépit des efforts de la négative, la clause d'irresponsabilité de l'armateur pour les fautes du capitaine trouve, pour se défendre en droit, un argument suffisant dans la validité de l'assurance contre la baraterie du patron.

2. Quand même cet argument n'existerait pas, nous avons déjà vu que l'affirmative en trouverait un autre dans l'article 98 du Code de commerce.

Cet argument, la négative aussi l'a nié.

Pour exposer son système, nous aurons encore recours à l'argumentation précise de M. Arthur Desjardins (1).

« Le commissionnaire de transport qui, pour le compte de son commettant, traite avec un voiturier intermédiaire, pourrait sans doute stipuler qu'il ne sera pas garant de la perte ou des avaries des marchandises ou effets résultant du fait de ce voiturier intermédiaire. En effet, le commissionnaire de transport ne transporte pas lui-même, mais remet la marchandise à un intermédiaire qu'il peut ne pas connaître ; on peut appliquer ici l'ar-

_____
(1) *Loco citato.*

ticle 90 du Code, sans heurter la règle d'ordre public de l'article 1384.

« Je le demande : est-ce qu'on peut assimiler le capitaine au voiturier intermédiaire ? Poser la question, c'est la résoudre. Le capitaine n'est pas un voiturier intermédiaire en rapport d'affaires avec un commissionnaire de transport. C'est le « commis ou le préposé » d'un voiturier par eau.

«..... L'article 1384, § 5 du Code civil s'exprime en ces termes : « La responsabilité ci-dessus a lieu à moins « que les père et mère, instituteurs ou artisans ne prou- « vent qu'ils n'ont pu empêcher le fait qui donne lieu « à cette responsabilité ». Mais le législateur n'a pas fait la même exception pour les commettants : « On « rend aussi les maîtres, avait dit Pothier (*Obl.*, nᵒ 151), « responsables du tort causé par les délits et quasi-dé- « lits de leurs serviteurs et ouvriers qu'ils emploient à « quelque service. Ils le sont même dans le cas auquel « il n'aurait pas été en leur pouvoir d'empêcher le dé- « lit ou quasi-délit, lorsque les délits ou quasi-délits « sont commis par lesdits serviteurs et ouvriers dans « l'exercice des fonctions auxquelles ils sont employés « par leurs maîtres, bien qu'en l'absence de leurs maî- « tres. Ce qui a été établi pour rendre les maîtres at- « tentifs à n'avoir que de bons domestiques ». — « On « ne peut admettre, dit à son tour Toullier (t. 6, nᵒ 283), « l'excuse que le maître ou le préposant n'a pu empê- « cher le dommage, puisque c'est lui qui a commandé

« ou qui est censé avoir commandé l'action qui l'a
« causé ». Cette interprétation de l'article 1384, § 5 n'est
pas contestable et n'est pas contestée. Dès lors, il importe
peu que le capitaine échappe, le plus souvent, en fait, à
la direction de son préposant. La règle d'ordre public
écrite dans l'article 1384, § 3 n'en reste pas moins applicable.

«... Le Code de commerce aurait pu se référer aux
principes généraux du droit civil. Il prend soin de répéter (art. 216) que le préposant est civilement responsable des faits du préposé. C'est qu'en effet, la législation maritime a, depuis des siècles, déterminé la responsabilité de l'armateur. D'une part, elle prend soin
d'affirmer elle-même qu'il est responsable des faits du
capitaine, son agent ; d'autre part, elle limite cette responsabilité *propter utilitatem navigantium*, par la faculté
d'abandon : c'était une sage conciliation de tous les intérêts ».

Cette argumentation n'est point irréfutable.

M. Desjardins met en parallèle l'article 216 du Code
de commerce et l'article 1384 du Code civil. Mais il n'é-
tablit point que ni l'un ni l'autre de ces articles soit
d'ordre public, et nous pouvons, en dépit des textes
qu'il cite, soutenir contre lui qu'ils n'ont, au contraire,
qu'une valeur interprétative.

M. Desjardins n'a pas vu que l'article 1384 du Code
civil et l'article 216 du Code de commerce, peuvent trouver leur application dans deux hypothèses bien distinctes :

Il se peut que la faute du préposé soit commise vis-à-vis d'un tiers, c'est-à-dire d'une personne envers qui le préposant n'est lié par aucun contrat. Dans ce cas, la loi seule règle les droits des parties. On doit donc appliquer strictement ses dispositions, et refuser au préposant le droit de se soustraire à la responsabilité dont elle le charge. C'est le lieu de reconnaître avec Pothier et Toullier, que le préposant demeure tenu, quand bien même il n'aurait pas pu empêcher la faute de son préposé.

Mais nous nous plaçons dans une hypothèse toute différente : dans notre espèce, la faute du capitaine est commise vis-à-vis du chargeur, c'est-à-dire vis-à-vis d'une personne qui a contracté avec l'armateur, préposant. Dans ce contrat, les parties ont précisément prévu cette faute, et rien, ni dans Pothier, ni dans Toullier, ni dans les principes du droit, ne leur défendait d'en régler à leur guise la responsabilité.

Les principes du droit admettent, au contraire, qu'on peut mettre à la charge de qui l'on veut les conséquences d'un cas fortuit, ou même d'une faute non dolosive commise par le contractant lui-même.

Or, au dire de Pothier et de tous les auteurs, le dol du capitaine est le plus souvent cas fortuit pour l'armateur. Tout au plus pourrait-on dire que ce dernier a commis une négligence en ne choisissant pas pour capitaine un homme d'une honnêteté à toute épreuve.

L'article 98 du Code de commerce, en déclarant que

le commissionnaire pourra se décharger d'avance de la responsabilité des fautes du voiturier, son préposé, n'a fait qu'appliquer les principes.

L'article 1384 du Code civil et l'article 216 du Code de commerce sont restés muets sur ce point, parce que leurs auteurs ont pensé surtout au cas où la faute qu'ils prévoient serait commise en l'absence de toute convention. Mais on ne doit point inférer de leur silence qu'ils aient voulu établir une exception à la règle.

La seule exception qu'on puisse trouver ici, c'est celle de l'article 216, § 2. Mais à notre sens, loin de rendre plus dure la situation de l'armateur, elle lui crée une situation favorable entre tous les préposants. Par l'abandon, en effet, il peut, sans convention préalable, se décharger de toutes les fautes du capitaine. En d'autres termes, il n'est tenu de ces fautes que sur sa fortune de mer. Cette faveur spéciale n'indique-t-elle pas suffisamment l'esprit du législateur ? Si, même sans convention, l'armateur est protégé à ce point que sa responsabilité soit souvent annihilée (car sa fortune de mer peut se réduire à néant), ne doit-on pas admettre qu'une convention l'autorise à se décharger complètement et d'avance, de cette responsabilité ?

L'argumentation de M. Desjardins n'a donc pas prévalu contre l'opinion admise par la majorité de la doctrine.

M. Lyon-Caen, dans une note (1) dont nous avons

(1) V. S. 87. 1. 123.

parlé déjà, semble avoir fixé définitivement le droit sur la question.

« Sans doute, dit-il, quand il y a eu des fautes commises par un capitaine, on peut dire que l'armateur a commis une faute personnelle en choisissant un homme négligent ou malhonnête pour lui confier la direction de son navire. Mais qu'importe ? »

Et notre savant maître conclut que cette faute de l'armateur n'étant point dolosive, peut faire valablement l'objet d'une convention préalable, et que les risques peuvent en être mis à la charge de l'expéditeur.

La jurisprudence, depuis plusieurs années d'ailleurs, s'est ralliée, à peu près unanimement, à l'opinion de la majorité de la doctrine.

La question, soumise pour la première fois d'une façon précise à la Cour de cassation le 10 mars 1869, ne fut pas tranchée par elle, bien que M. de Raynal, avocat général, l'eut engagée à adopter l'affirmative, dans de savantes et habiles conclusions (1).

Mais le 4 juin 1876, la Cour de Rouen adopta l'affirmative sur les motifs suivants :

« Attendu que la loi reconnaît aux propriétaires de navires la faculté de faire cesser par l'abandon du navire et du fret la responsabilité civile des faits du capitaine, par la négligence duquel les marchandises ont péri en mer (art. 216, C. com.). Qu'en pareil cas, le contrat d'assurances étant également autorisé par l'ar-

(1) V. D. 69. 1. 98.

ticle 353 du Code de commerce, conformément du reste à l'article 28 de l'ordonnance de 1681, on se demande pourquoi les stipulations permises avec les assureurs ne pourraient dépendre d'une convention librement consentie avec les chargeurs, qui peuvent, par les mêmes moyens, se prémunir contre les mêmes imprudences. Qu'en regard de la responsabilité indirecte et secondaire de l'agent qui s'efface devant celle du maître, il y a la responsabilité directe et principale du capitaine qui la domine, parce qu'il a le gouvernement de l'équipage : responsabilité d'un tiers, à la fois mandataire et indépendant, contre laquelle le législateur a admis une garantie. Qu'au principe qui a érigé la surveillance du maître en présomption légale, on comprend parfaitement le tempérament apporté par la loi en matière maritime, alors que l'éloignement du capitaine et des gens de l'équipage, leurs fonctions, leurs devoirs mêmes dérobent leurs actes à la surveillance de l'armateur ou du propriétaire du navire. Qu'il en est de même des commissionnaires de transport, responsables du fait de leurs voituriers, qui peuvent s'affranchir de la garantie des pertes ou avaries survenues aux marchandises, lorsque la lettre de voiture contient une stipulation expresse. Qu'une pareille convention n'a donc rien de contraire à la morale, à l'ordre public ou à l'équité naturelle (1) ».

La même espèce fut soumise, le 2 avril 1878, à la

(1) V. D. 77. 2. 68.

Cour de cassation, qui confirma l'arrêt de Rouen, sur ces motifs (1) :

« Attendu, en droit, que les conventions tiennent lieu de loi à ceux qui les ont faites, si elles ne sont défendues par la loi ou contraires à l'ordre public ou aux bonnes mœurs. Attendu qu'aucune loi ne défend aux propriétaires de navires de stipuler qu'ils ne répondent pas des fautes du capitaine ou de celles de l'équipage ; qu'une telle convention n'est pas davantage contraire à l'ordre public ou aux bonnes mœurs ; qu'en effet, tout en admettant que l'ordre public ou les bonnes mœurs ne permettraient pas, en principe, de s'exonérer des fautes de ses préposés, et s'il est vrai que le capitaine est le commis ou le préposé du propriétaire de navire, il est également vrai que, dans l'exercice de son commandement, le capitaine échappe, en fait et en droit, à l'autorité de son commettant et à sa direction ; qu'aussi lui-même est-il frappé par les articles 221 et 222 du Code de commerce d'une responsabilité directe et principale et que, pour la même raison, l'article 353, même Code, dont les termes généraux ne font aucune distinction, permet aux propriétaires de navires aussi bien qu'aux simples chargeurs de se faire assurer contre les fautes et prévarications du capitaine et de l'équipage, connues sous le nom de baraterie de patron. Qu'en déclarant valable, dans l'espèce, la clause du connaissement par laquelle la compagnie défenderesse déclinait

(1) V. D. 78. 1. 479.

la responsabilité des fautes ou erreurs du capitaine, de l'équipage ou des mécaniciens, l'arrêt attaqué n'a violé aucune loi ».

Depuis lors, la jurisprudence française est restée fidèle à l'affirmative(1). Un seul arrêt de cassation, du 1ᵉʳ mars 1887 (2), paraît assimiler la clause dont nous nous occupons à celle qui concerne les fautes personnelles, et lui donne pour unique effet de déplacer la preuve. Mais cet arrêt, mal motivé, n'a pas eu d'influence sur la jurisprudence postérieure (3). Bien au contraire : il a donné à M. Lyon-Caen l'occasion de réfuter sa théorie, dans une note dont nous avons cité déjà plusieurs passages.

En Angleterre, en Belgique, en Grèce, les tribunaux ont également admis, sans réserve, l'affirmative. Seule, la jurisprudence des États-Unis, pour les raisons d'intérêt local que nous avons vues plus haut, défend la négative avec vigueur (4).

Notre choix est facile à faire. Nous croyons fermement que, dans un semblable conflit, l'affirmative seule peut se soutenir.

Toute personne peut stipuler qu'elle ne sera pas responsable de sa faute légère. Or, à moins qu'on ne prouve que l'armateur a participé à la manœuvre dolosive du capitaine, le fait par lui, d'avoir choisi un capitaine ca-

---

(1) V. D. 77. 2. 68 — 78. 1. 479 — 82. 2. 213, — 84. 1. 121.
(2) V. S. 87. 1. 124.
(3) V. D. 89. 1. 340.
(4) Nous n'examinerons pas à nouveau le cas où un conflit de lois se produit : il est clair que nous appliquerions ici les mêmes règles que pour le cas de faute personnelle (V. *Suprà*, p. 74 et s.).

pable de commettre un dol ne constitue qu'une faute légère, dont il peut stipuler d'avance qu'il ne sera pas responsable.

Ainsi les mêmes principes nous conduisent à deux solutions différentes en apparence, mais identiques au fond:

On ne peut s'exonérer que de sa faute légère personnelle.

On peut s'exonérer même du dol de son préposé, car le dol du préposé dépend d'une faute légère qu'on a commise soi-même, en le choisissant.

CHAPITRE II

EN BONNE LÉGISLATION, DEVRAIT-ON DÉFENDRE AUX AR-
MATEURS DE S'EXONÉRER DE LA RESPONSABILITÉ DES
FAUTES DU CAPITAINE ?

Nous venons de voir que la clause par laquelle l'armateur s'exonère vis-à-vis du chargeur des fautes et du
dol du capitaine, est valable en droit.

Faut-il le regretter ? L'utilité pratique souffre-t-elle
dans le cas spécial du transport maritime, de cette application des principes généraux ?

En posant cette question, nous entrons sur un terrain
nouveau.

Jusqu'ici, nous n'avons raisonné que sur des textes
juridiques, ou tout au moins sur des idées de droit. Nous
allons voir maintenant quelles conséquences de fait entraîne la conclusion à laquelle nous sommes parvenus ;
nous aurons à examiner si, en bonne législation, elles ne
mériteraient pas qu'un changement soit ici apporté au
droit commun des contrats.

Ainsi ramenée sur le domaine de l'intérêt pratique,
notre question fournit encore ample matière à discussion.

Beaucoup de bons esprits prétendent que la clause
d'irresponsabilité a, sur les intérêts du commerce, une

funeste influence. Les chargeurs, dit-on, sont livrés pieds et poings liés à la merci des armateurs. En fait, ils ne peuvent pas discuter les clauses qu'on exige d'eux. Que faire contre des compagnies puissantes par les capitaux dont elles disposent et par les secours de diverse nature que leur donnent les États? Quand elles disent au chargeur : « Acceptez toutes nos conditions, ou nous ne prendrons pas votre marchandise », le chargeur, qui a surtout intérêt à envoyer sa marchandise, coûte que coûte, fait un sacrifice. Au risque de la voir périr à son compte, il la confie à l'armateur sans garantie, dans l'espoir, souvent trompé, que malgré les imprudences et la mauvaise volonté du capitaine, aucun malheur n'arrivera.

Ce sombre tableau a commencé par mettre en émoi l'initiative privée.

En 1882, la société « *for the reform and the codification of the law of nations* » proposa, à Liverpool, une formule de connaissement d'après laquelle l'armateur était, en général, responsable, mais pouvait s'exonérer des « accidents de navigation ». La société ne jugea pas à propos d'expliquer ce qu'elle entendait par ce mot, et le commerce ne prit pas garde à sa proposition.

En août 1885, un congrès réuni à Hambourg, proposa de distinguer entre la faute provenant d'incurie, et l'erreur de jugement.

Enfin dans la même année 1885, le congrès international de droit commercial d'Anvers examina la question. Voici en quelques termes le *Bulletin de la Société de législation comparée*, année 1886, rapporte sa décision :

« Dans ce différend entre les armateurs et les chargeurs, le congrès a pris parti pour les seconds. Après avoir consacré, en termes formels, la responsabilité des propriétaires de navire à l'égard des affréteurs à raison des faits de leurs capitaines et de leurs préposés à la cargaison, il a décidé, il est vrai, que l'on pourrait se soustraire à cette responsabilité par des stipulations particulières, mais, en même temps, il a pris soin de limiter étroitement cette faculté, en interdisant aux propriétaires de s'exonérer à l'avance au moyen d'une clause insérée dans le contrat d'affrétement : *a)* pour tous les faits de leurs capitaines ou de leurs préposés qui tendraient à compromettre le parfait état de navigabilité du navire ; *b)* pour tous ceux qui auraient pour effet de causer du dommage, par vice d'arrimage, défaut de soins, ou incomplète délivrance des marchandises confiées à leur garde ; *c)* pour toute baraterie, tous faits, actes et négligences ayant le caractère de la faute lourde (1) ».

Bientôt, les États eux-mêmes s'inquiétèrent.

Aux États-Unis, un projet de loi fut voté en deuxième lecture, le 3 février 1885, par la chambre des représentants. Il déclarait illicite :

« De faire une stipulation exonérant les armateurs et leur capitaine, agent ou gérant, de leurs obligations de

_____
(1) M. Daguin, rapporteur au bulletin.

tenir le navire en parfait état de navigabilité, d'arme-
ment, d'équipement et d'approvisionnement. Toutes
stipulations les exonérant de leur négligence ou d'inna-
vigabilité seront nulles et sans valeur. Il sera illicite de
stipuler l'exonération de leur responsabilité pour négligence, faute, omission dans l'arrimage, la garde et les
soins aux marchandises qui leur sont confiées, ou pour
non délivraison de celles-ci par négligence, et de stipuler ou adopter un autre mode de transport que celui
convenu, et de limiter la responsabilité à moins que la
réparation du dommage (1) ».

Ce projet n'a pas encore été, que nous sachions, soumis au vote du Sénat.

En France, une proposition de loi fut également soumise à la Chambre des députés, en 1886. Elle avait pour
but d'ajouter un paragraphe à l'article 281 du Code de
commerce, pour maintenir la responsabilité des armateurs ou propriétaires de navires. Présentée par MM. Fé-
lix Faure, Jules Siegfried, Ricard, etc., elle n'a jamais
été discutée. Elle était ainsi conçue :

« ARTICLE UNIQUE.

Ajouter, à la fin de l'article 281 du Code de commerce,
ce paragraphe :

Doivent être considérées comme nulles et non ave-
nues toutes les clauses énoncées dans un connaissement,
une charte-partie, ou toute autre convention, qui tendraient à diminuer ou à détruire les obligations résul-

_____

(1) V. Ch. Lejeune, *Clauses d'irresp.*, ch. 7.

tant pour les armateurs ou propriétaires de navires, du principe du contrat de transport, qui consiste à délivrer les marchandises dans l'état où le transporteur les a reçues, sauf les cas fortuits ou de force majeure. Les armateurs et propriétaires de navires ne pourront valablement s'exonérer des erreurs, négligences et fautes nautiques résultant du commandement dans la manœuvre ou de l'exécution du commandement (1).

Telles ont été les principales décisions des congrès et les propositions de lois relatives à notre clause.

Sans entrer plus avant dans l'examen de leurs dispositions, nous les condamnerons toutes :

La législation actuelle nous semble bonne, et leur tort principal, suffisant à nos yeux, est de vouloir la changer.

Quel motif invoque-t-on, en effet, pour détruire ce qui existe ?

Le monopole ! L'intérêt du commerce !

Nous espérons prouver que ce prétendu monopole n'existe pas, et que l'intérêt, bien entendu, du commerce réclame la liberté des conventions, sans entraves.

Qu'entend-on d'abord, par le *monopole* des compagnies ? Veut-on dire par là qu'elles ont seules, *le droit*, de transporter des marchandises d'un point à tel autre point ? Prouve-t-on, par exemple, que la Compagnie transatlantique fait seule le service entre le Hâvre et l'Amérique ? Non. Tout le monde s'accorde à reconnaître

---

(1) V. *Journal officiel*, Chambre, Documents parlementaires, novembre 1886, p. 1347-1348, annexe n° 640, séance du 10 avril 1886.

qu'un navire quelconque (sauf les avantages très particuliers et très restreints faits aux nationaux) peut transporter des marchandises en un lieu quelconque ; ce qu'on nous oppose, c'est un prétendu monopole de fait, permettant à certaines compagnies privilégiées de faire aux chargeurs des conditions telles, qu'ils préfèrent les accepter en prenant pour eux tous les risques, plutôt que de s'adresser à des intermédiaires plus sûrs, mais plus coûteux.

Or, est-ce bien là ce qu'on peut appeler un monopole? Comme l'a justement fait observer M. Lyon-Caen au congrès d'Anvers, chaque navire qui s'offre au chargeur est en concurrence avec tous les navires du monde. C'est l'intérêt seul du chargeur qui le force à s'adresser à celui-ci plutôt qu'à celui-là.

Mais supposons qu'en fait, dans certains cas, le monopole et la violence morale soient bien constatés. Faudra-t-il recourir pour cela à une législation spéciale ? La loi existante n'offrira-t-elle pas à la partie lésée, une suffisante protection ? Les tribunaux décideront qu'en fait il y a eu violence, et le contrat sera déclaré nul.

Le silence de la jurisprudence sur ce point prouve très suffisamment que les craintes du commerce sont chimériques. Quand même elles seraient fondées, quand même les chargeurs subiraient ce triple malheur d'avoir contre eux les exigences des compagnies, la loi, et les tribunaux de leur pays, nous serions d'avis encore qu'une réforme législative n'est pas nécessaire.

Le législateur n'a point à entrer dans le détail futile des petits intérêts. Comme les Romains le disaient avec raison, « *de minimis non curat prætor* ». Le droit n'est véritablement le droit, que quand il s'étend à tous. A ses yeux, le propriétaire du navire mérite autant d'égards que le propriétaire des marchandises. Il ne peut pas s'abaisser à protéger contre eux-mêmes des gens qui ont voulu accepter quelque chose de nuisible à leurs intérêts. « Il faut respecter la liberté des conventions. L'intervention arbitraire du législateur en matière de convention peut se manifester de deux manières : l'une consiste dans l'établissement d'un maximum de prix, et on y a, dans les législations antérieures, eu recours à diverses reprises, au lieu de s'en tenir à la loi naturelle de l'offre et de la demande. On a dit aux consommateurs de pain : vous ne serez pas obligés de donner un prix supérieur à tel maximum. Ce procédé a été délaissé depuis longtemps. Un autre moyen de fausser le jeu naturel de l'offre et de la demande, c'est de définir légalement le service rendu. Vous voulez proscrire les transports à garantie limitée : or, je trouve cela exorbitant. C'est provoquer l'intervention arbitraire du législateur en faveur d'une des parties contre l'autre ; c'est mettre les armateurs hors du droit commun (1) ».

Laissons donc aux chargeurs le soin de se défendre eux-mêmes contre les abus dont ils se prétendent victimes. Nos mœurs latines nous ont bien trop portés, dès

(1) Discours de M. Sainctelette au congrès d'Anvers.

que la moindre difficulté se présente, à réclamer le secours de la loi. Si les propriétaires de marchandises trouvent trop onéreux d'accepter que l'armateur se libère du dol du capitaine, qu'ils s'unissent pour le refuser.

Ils ont déjà pour eux l'exemple des compagnies d'assurances : La police de Paris, pour les assurances sur corps, prend bien à sa charge au profit de l'armateur, les fautes du capitaine, mais non son dol. Pourquoi ce que les assureurs peuvent faire, les chargeurs ne le feraient-ils pas ?

Reconnaissons donc franchement que si les chargeurs n'obtiennent pas de la part des armateurs des conditions moins onéreuses, c'est qu'ils ne les réclament pas, c'est qu'ils ne les désirent pas ; c'est en un mot, qu'ils ont intérêt à ne pas les obtenir.

En effet, que se passe-t-il en pratique ? Pense-t-on qu'un chargeur, qui a exonéré l'armateur des fautes du capitaine, en gardera à son compte la responsabilité ? Point. Il aura recours à une assurance, qui prendra tous les risques pour elle. Tout l'intérêt du chargeur consistera donc à savoir si le paiement de sa prime à l'assureur est suffisamment compensé par la différence de fret qu'il a obtenue, en exonérant l'armateur de sa responsabilité — et si, ce qui arrivera parfois, sa prime est moindre que cette différence, il aura fait une bonne affaire. — Si au contraire la prime est plus forte, il aura fait une bonne affaire tout de même, car il sera sûr, en tous cas, d'être indemnisé de toutes ses pertes, tandis que s'il avait pour répondant l'armateur tout seul, l'abandon du navire ne le dédommagerait peut-être pas du naufrage de ses marchandises.

C'est ce que M. de Raynal, dans les conclusions dont nous avons parlé déjà, a fort clairement expliqué (1) :

« Les chargeurs, dit-il, recherchent deux choses : la sécurité et l'abaissement du prix du transport. La sécurité est d'autant plus importante pour eux, que leurs marchandises sont plus précieuses. Un grand navire, le « Tigre », par exemple, appartenant à la Compagnie des Messageries Impériales, vaut trois millions ; mais il charge six mille balles de soie, qui, à quatre mille francs chacune, valent la somme énorme de vingt-quatre millions. La responsabilité de l'armateur, limitée au navire et au fret, peut-elle couvrir un pareil risque ? Evidemment non ; et de plus cette garantie si insuffisante, est encore on ne peut plus incertaine ; car elle disparaît, en cas de naufrage, avec le navire englouti dans les flots. Pour les chargeurs, il n'y a donc de sécurité possible que dans une assurance qui les garantit des risques et fortunes de mer et des fautes du capitaine. Une fois assurés, ils ont intérêt, puisqu'ils sont couverts, à obtenir une diminution du prix du transport, en échange d'une clause de non garantie qui affranchit le propriétaire du navire de la responsabilité des fautes du capitaine ».

Nous conclurons donc qu'en notre matière, l'utilité pratique s'accorde avec les principes. Le chargeur n'a

(1) V. D. 69. 1. 95.

point à se plaindre de l'application d'une clause qu'il a
acceptée, qu'il aurait pu refuser, et qui lui rend service.
Il n'y a pas de motif de rien changer à une réglementation qui peut bien, à la vérité, présenter dans certains
cas les inconvénients de toutes les lois humaines, mais
qui a, en général, le mérite de respecter la raison, et
les intérêts divers des parties.

CONCLUSIONS

Notre étude est ici terminée.

Nous avons examiné la clause d'irresponsabilité, en matière de transport, sous les deux aspects qu'elle peut présenter.

Nous avons décidé qu'on peut, soit dans le transport par mer, soit dans le transport par terre, s'exonérer de ses fautes simples, mais non de son dol.

Nous avons décidé au contraire que, dans le transport par mer, l'armateur peut s'exonérer du dol du capitaine.

Nous croyons avoir établi que ces conclusions sont conformes aux principes généraux du droit. Les hommes de pratique, qui voient de plus près les choses, et qui ont accoutumé leur esprit à se plier aux nécessités contingentes, trouveront peut-être notre opinion trop absolue.

Son seul mérite est, à nos yeux, de reconnaître et de proclamer à nouveau le grand principe de la liberté des conventions. Nous supprimons des barrières qui, sous prétexte d'éviter des chutes, empêchent souvent de passer. Nous admettons, avec le Droit romain, avec la tradition, avec les principes de notre droit moderne, que tout contrat est valable, pourvu qu'il n'aille pas contre la loi morale, pourvu que toutes les parties y aient de bonne foi consenti, et l'exécutent de bonne foi.

BIBLIOGRAPHIE

Pothier. — Traité du contrat d'assurances, t. V, n° 65.

Valin. — Commentaire sur l'ordonnance de 1681, t. II, p. 298 et s.

Emerigon. — Traité des assurances et du contrat à la grosse, t. 1, ch. 12, s. 2.

Boulay-Pati. — Cours de droit commercial maritime, t. IV.

Bédarride. — Le commerce maritime, 2e édit., t. IV.

Emile Cauvet. — Traité des assurances terrestres, t. I.

Denis Weil. — Des assurances maritimes et des avaries.

Alauzet. — Commentaire du Code de commerce, 3e édit., t. VI.

Rivière. — Répétitions écrites sur le Code civil, 8e édit., p. 630 et s.

J. V. Cauvet. — Traité sur les assurances maritimes, t. J, n°s 142, 143 et passim.

Boistel. — Précis de droit commercial.

Lyon-Caen et Renault. — Précis de droit commercial.

Lyon-Caen. — Sirey, 1887, 1, 122.

Valroger. — Droit maritime, commentaire théorique et pratique du livre II du Code de commerce.

Arthur Desjardins. — Traité de droit commercial maritime, t. II, n° 276.

Cresp. — Cours de droit maritime, par Laurin, t. I.

Bédarride. — Conférences, des chemins de fer au point de vue du transport, t. I.

Aucoc. — Conférences de droit administratif, 2e éd. t., III.

Féraud-Giraud. — Code des transports, t. II.

Laurent. — Principes du droit civil, t. XXV, n°s 531, 532 et 549.

Guillouard. — Traité du louage, t. III, n° 942.

Troplong. — Échange et louage, t. III.

Sainctelette. — Responsabilité et garantie.

De Courcy. — Questions de droit maritime, 2e série.

Gandouin. — Les accidents du travail.

Annales de droit commercial français, étranger et international : Lettres de MM. Labbé et Thaler, t. I, 86, 87, 1ʳᵉ partie, p. 185 et s., et p. 251 et s.

Labbé. — Sirey (note) 1876, 1, 337.

Lyon-Caen. — Revue critique de législation et de jurisprudence, 1880, p. 755 et s.

Marc Sauzet. — Responsabilité des patrons, Revue critique de législation et de jurisprudence, 1883, p. 637 et s.

Sarrut. — Revue critique de législation et de jurisprudence, 1885, p. 137 et s.

Marcel Planiol. — Revue critique de législation et de jurisprudence, 1888, p. 285 et s.

Charles Lejeune. — Les clauses d'irresponsabilité dans les connaissements (Anvers, 1885).

Actes du congrès international de droit commercial d'Anvers (Paris, 1885).

Résolutions du congrès international de droit commercial d'Anvers, Bulletin de la société de législation comparée, 1886, p. 585 et s., et p. 630 et s.

Proposition de loi Française sur l'art. 281, *Journal Officiel*, Chambre, débats parlementaires, annexe nº 640.

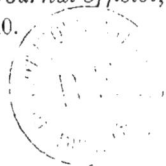

TABLE DES MATIÈRES

POSITIONS

Positions prises dans la thèse.

DROIT ROMAIN.

I. — Dans l'antique caution des *prædes*, le *manceps*, ou débiteur principal, n'était pas tenu.

II. — Dans la procédure *per sacramentum in rem*, l'unique moyen d'exécution consistait dans la vente des *prædes litis et vindiciarum*.

III. — Les *prædes* pouvaient à l'origine, s'engager envers un particulier.

DROIT FRANÇAIS.

I. — On peut convenir dans tout contrat, qu'on ne sera pas responsable de sa faute légère.

II. — L'armateur peut stipuler qu'il ne sera pas tenu des fautes et des fraudes du capitaine.

Hors de la thèse.

DROIT ROMAIN.

I. — La loi Æbutia a été promulguée entre 605 et 630 de Rome.

II. — Les *chirographa* et les *syngraphæ* des pérégrins n'étaient pas une source d'obligations.

III. — Dans l'action négatoire, la preuve incombait au demandeur.

IV. — Le demandeur qui agissait *ante conditionem*, pouvait recommencer l'instance après l'événement de la condition.

DROIT CIVIL.

I. — L'article 304 du Code civil ne s'applique ni aux donations ni aux testaments.

II. — Une donation déguisée sous forme de contrat à titre onéreux n'est pas valable.

III. — Le legs d'un usufruit universel ou à titre universel est un legs à titre particulier.

IV. — L'inexécution d'une promesse de mariage peut donner lieu à une condamnation en dommages-intérêts, lorsqu'elle a été le résultat d'un pur caprice, et qu'elle a porté atteinte, soit à la réputation, soit aux intérêts matériels de la personne délaissée.

DROIT COMMERCIAL.

Un commerçant ne peut pas être poursuivi comme banqueroutier avant d'avoir été déclaré en faillite par le tribunal de commerce.

DROIT CRIMINEL.

L'action publique en adultère est éteinte par le décès du mari survenu avant la condamnation.

DROIT CONSTITUTIONNEL.

I. — Le scrutin uninominal est plus conforme aux principes de la représentation que le scrutin de liste.

II. — Le Sénat peut rétablir les crédits refusés par la Chambre dans le budget en préparation.

Vu :	Paris, le 16 novembre 1892.
Par le Doyen,	Le Président,
COLMET DE SANTERRE.	CH. LYON-CAEN.

Vu et permis d'imprimer,
Le Vice-Recteur de l'Académie de Paris.
GRÉARD.

Imp. G. Saint-Aubin et Thevenot, Saint-Dizier, (Haute-Marne), 30, Passage Verdeau, Paris.

Imp. C. Saint-Aubin et Thevenot, Saint-Dizier (Hte-Marne) et 30, Passage Verdeau, Paris.

www.ingramcontent.com/pod-product-compliance
Lightning Source LLC
Chambersburg PA
CBHW060541210326
41519CB00014B/3307